Dr. Oetker

Grünfutter

VEGETARISCH

Dr. Oetker

Grünfutter

VEGETARISCH

Dr. Oetker Verlag

Vorwort

Da knallt die Erbse aus der Schote und der Salat schüttelt verwundert den Kopf: Die Schonfrist für Gemüse ist vorbei – denn Grünfutter ist alles Andere als grau!

Ob überzeugter Vegetarier oder Gelegenheits-Grünfutterer – hier sind die leckeren Rezepte, die ganz ohne Fleisch auskommen und dazu in null Komma nix auf dem Teller sind.

Zu vielen Rezepten gibt es Ideen für tolle Beilagen, die das Essen komplett machen – also nicht nur gesund, sondern auch lecker!

Also – wie wäre es mal mit Linguine mit Ziegen-Frischkäse, gefüllten Kartoffelplätzchen oder Tortilla?
Oder lieber etwas Kleines wie Spinattaler oder gelbe Linsensuppe?
Fleischlose Gerichte easy, knackig, lecker!

Einfach ausprobieren – mit den appetitlichen Rezepten aus Dr. Oetker Grünfutter werden sogar Fleisch-Fans überzeugt.

Ratgeber

Vorrat und Küchenausstattung

Allgemeine Hinweise zu den Rezepten

Alle Rezepte, die für 1 Person oder 1–2 Personen angegeben sind, lassen sich problemlos für Gäste vervielfachen. Die Nährwerte sind pro Person angegeben. Wenn Sie keine großen Pfannen oder Auflaufformen besitzen um größere Portionen zuzubereiten, können Sie die Gerichte auf 2 Portionen aufteilen. Oder Mutter oder der Nachbar hilft mit einer großen Form aus.

Lesen Sie vor der Zubereitung das Rezept einmal vollständig durch. Oft werden Arbeitsabläufe oder -zusammenhänge dann klarer. Die in den Rezepten angegebenen Backtemperaturen und -zeiten sind Richtwerte, die nach individueller Hitzeleistung des Backofens über- oder unterschritten werden können. Bitte beachten Sie deshalb bei der Einstellung des Backofens die Gebrauchsanweisung des Herstellers. Die Zubereitungszeit beinhaltet nur die Zeit für die eigentliche Zubereitung, lange Garzeiten sind gesondert ausgewiesen. Längere Wartezeiten, z. B. Kühl- und Auftauzeiten, sind nicht mit einbezogen.

Abkürzungen:

EL	= Esslöffel
TL	= Teelöffel
Msp.	= Messerspitze
Pck.	= Packung/ Päckchen
g	= Gramm
kg	= Kilogramm
ml	= Milliliter
l	= Liter
Min.	= Minuten
Std.	= Stunden
evtl.	= eventuell
geh.	= gehäuft
gestr.	= gestrichen
TK	= Tiefkühlprodukt
°C	= Grad Celsius
ø	= Durchmesser
E	= Eiweiß
F	= Fett
Kh	= Kohlenhydrate
kcal	= Kilokalorien
kJ	= Kilojoule
BE	= Broteinheit

Man unterscheidet vier Arten der vegetarischen Ernährung, dementsprechend können die Lebensmittel, die Sie „auf Vorrat" haben sollten, variieren:
- Bei der ovo-lacto-vegetarischen Ernährung wird auf Fleisch und Fisch verzichtet. Milch und Eier stehen aber durchaus auf dem Speiseplan.
- Im Gegensatz dazu sind bei der lacto-vegetarischen Kost Milchprodukte erlaubt, auf alle anderen tierischen Lebensmittel wird verzichtet.
- Bei der ovo-vegetarischen Kost wird auf alle tierischen Lebensmittel, außer auf Eier verzichtet.
- Im extremen Gegensatz zu den drei voran gegangenen Ernährungsformen, schließt die vegane Lebensform alle tierischen Lebensmittel und Produkte aus.

Es empfiehlt sich, immer eine kleine Auswahl an Gemüse und Kräutern (frisch oder tiefgekühlt), sowie Nudeln und Kartoffeln im Haus zu haben. Die folgende Auflistung soll Ihnen bei der Vorratshaltung eine kleine Hilfestellung sein.

Grundausstattung

Vorrat:

Frische Produkte

(am besten im Kühlschrank aufbewahren):
- Milch und Milcherzeugnisse, z. B. Sahne oder Crème fraîche, Käse, Butter oder Margarine
- Eier
- Mayonnaise (in der Tube oder im Glas)
- Tomatenketchup
- Tomatenmark

Nährmittel

(im Vorratsschrank aufbewahren):
- Nudeln
- Reis
- Kartoffeln
- Zwiebeln
- Dosen, z. B. passierte Tomaten (gibt es auch im Tetra Pak®), Pizza-Tomaten, Mais, Bohnen
- Speiseöl, z. B. Sonnenblumenöl
- Kaffee
- Weizenmehl
- Zucker
- getrocknete Hülsenfrüchte, z. B. Kichererbsen, Linsen
- getrocknete Kräuter, z. B. Rosmarin, Petersilie, Schnittlauch
- Gewürze, z. B. Salz, Pfeffer, Paprikapulver, Muskatnuss, Curry

Tiefkühlprodukte

- Gemüsemischungen, z. B. asiatisch, französisch, italienisch
- Blätterteig
- Kräuter

Küchenausstattung

- Töpfe, Pfannen und Auflaufformen in verschiedenen Größen
- Schneidebretter
- Messer, große zum Gemüse-, Brot- und Fleischschneiden, kleine Schälmesser oder einen Sparschäler
- Dosenöffner
- Handrührgerät, Pürierstab
- Küchenwaage
- verschiedene luftdicht verschließbare Kunststoffgefäße
- Rührschüssel
- Messbecher
- Geschirrtücher
- Haushaltssieb

Was man sonst noch braucht:

Gewürze

- Ingwer (frisch oder gemahlen)
- Zitronengras (frisch oder gemahlen)
- Chili (entweder eine frische Schote, als Pulver oder als Flocken)
- Knoblauch (entweder frische Knoblauchzehen oder als Pulver)
- Koriander (frisch oder Koriandersamen)
- Basilikum (frisch oder getrocknet)
- Thymian (frisch oder getrocknet)
- Majoran (frisch oder getrocknet)

Sonstiges

- Kokosmilch
- Olivenöl
- Oliven
- Sojasauce
- Sambal Oelek

Dauert länger

Kichererbseneintopf

Zubereitungszeit: etwa 20 Minuten,
ohne Einweichzeit,
Garzeit: etwa 60 Minuten,
für 2 Personen.

Zubereitung:

1. Kichererbsen am Vorabend in einen Topf geben, mit Wasser bedecken und über Nacht quellen lassen.

2. Am nächsten Tag die gequollenen Kichererbsen mit dem Einweichwasser und der Brühe zum Kochen bringen und mit Deckel bei schwacher Hitze etwa 50 Minuten köcheln lassen, bis die Kichererbsen fast gar sind.

3. Inzwischen Knoblauchzehe und Zwiebel abziehen, beides fein würfeln. Chilischote halbieren, entkernen, abspülen, abtropfen lassen und in feine Streifen schneiden.

4. Öl in einer kleinen Pfanne erhitzen, Knoblauch- und Zwiebelwürfel darin unter Rühren kurz andünsten. Chilistreifen, Garam Masala und Curry zufügen und unter gelegentlichem Rühren mitdünsten. Dann die Pfanne von der Kochstelle nehmen.

5. Staudensellerie putzen, die harten Außenfäden abziehen. Die Stangen abspülen, abtropfen lassen. Möhre putzen, schälen, abspülen und abtropfen lassen. Sellerie und Möhre in dünne Scheiben schneiden. Beides mit der Knoblauch-Zwiebel-Mischung zur Suppe geben und weitere etwa 10 Minuten kochen, bis die Kichererbsen und das Gemüse gar sind.

6. Aprikosen in Würfel schneiden. Porree putzen, die Stange längs halbieren, gründlich waschen und abtropfen lassen. Porree in feine Scheiben schneiden, etwa die Hälfte der Porreescheiben in den Eintopf geben, den Rest zum Garnieren beiseitelegen.

7. Aprikosenwürfel, Rosinen, Orangensaft und Joghurt in die Suppe geben, verrühren und kurz erwärmen (nicht mehr kochen lassen). Eintopf nach Belieben mit etwas Salz abschmecken. Vor dem Servieren mit den beiseitegelegten Porreescheiben garnieren.

Dazu passt:

Fladenbrot.

Tipps:

Statt mit Porreescheiben die Suppe mit Kresse garnieren. Dafür ½ Päckchen Gartenkresse abspülen, trocken tupfen, etwas Kresse abschneiden und die Suppe damit bestreuen. Verwenden Sie, wenn es schnell gehen soll, 1 Dose Kichererbsen (Abtropfgewicht 265 g). Kichererbsen in ein Sieb geben, kalt abspülen und abtropfen lassen. Mit 500 ml (½ l) Gemüsebrühe in einem Topf aufkochen. Dann weiter wie ab Rezeptpunkt 3 beschrieben zubereiten.

Kleine Warenkunde:

Traditionell enthält **Garam Masala** Kardamom, Gewürznelke, Zimt, schwarzen Pfeffer und evtl. Muskatnuss. Oft findet man das indische Gewürz nicht bei den traditionellen Gewürzen im Supermarktregal, sondern bei den asiatischen Spezialitäten.

Zutaten:

125 g getrocknete Kichererbsen
300 ml kaltes Wasser

375 ml (3/8 l) Gemüsebrühe
1 Knoblauchzehe
1 kleine Zwiebel
½–1 rote Chilischote
(ersatzweise 1 Msp. Sambal Oelek)
1 EL Speiseöl, z. B. Distel- oder Sonnenblumenöl
½ TL Garam Masala (indisches Gewürz)
1 TL Currypulver
150 g Staudensellerie
1 Möhre
4 getrocknete Aprikosen
1 kleine Stange Porree (Lauch)
1 EL Rosinen
Saft von ½ Orange
(ersatzweise 4 EL Orangensaft)
75 g Joghurt (3,5 % Fett)
Salz

E: 17 g, F: 11 g, Kh: 57 g,
kJ: 1724, kcal: 412, BE: 4,5

Variante:

Mangoldeintopf (für 2 Personen). Hierfür 250 g Mangold putzen, abspülen, abtropfen lassen. Blattrippen herausschneiden und in sehr feine Streifen schneiden. Blätter in Streifen schneiden. ½ Zwiebel abziehen, fein würfeln. ½ Esslöffel Sonnenblumenöl in einem Topf erhitzen, Zwiebelwürfel darin glasig andünsten. 500 ml (½ l) Gemüsebrühe hinzugeben und aufkochen lassen. Inzwischen 150 g Süßkartoffeln (ersatzweise Speisekartoffeln) schälen, abspülen, abtropfen lassen und in Würfel schneiden. 1 Möhre putzen, schälen, abspülen und abtropfen lassen. Möhre in Stifte schneiden. Kartoffelwürfel und Möhrenstifte in die Gemüsebrühe geben. Mit Deckel etwa 10 Minuten bei schwacher Hitze köcheln lassen. In der Zwischenzeit 2 kleine Tomaten kreuzweise einschneiden, kurz in kochendes Wasser legen, anschließend in kaltem Wasser abschrecken. Tomaten enthäuten, vierteln und die Stängelansätze herausschneiden. Tomaten entkernen. Tomaten und Mangold in die Brühe geben und weitere etwa 5 Minuten kochen. Den Eintopf mit Salz und Pfeffer abschmecken.

Gut vorzubereiten

Japanischer Tofu-Eintopf

Zubereitungszeit: etwa 25 Minuten, für 2 Personen.

Zutaten:

etwa 500 ml Wasser
2 EL Weißweinessig
150 g Schwarzwurzeln
100 g Möhren
100 g vorwiegend festkochende Kartoffeln
100 g weißer Rettich (ersatzweise Knollensellerie oder Petersilienwurzel)
400 ml Gemüsebrühe
½ Bund Frühlingszwiebeln
150 g Shiitake-Pilze
200 g Tofu
1 EL Sesamöl
1 EL Sojasauce
Cayennepfeffer

E: 21 g, F: 15 g, Kh: 23 g,
kJ: 1248, kcal: 298, BE: 1,0

Zubereitung:

1. Wasser mit Essig in einer Schüssel verrühren. Schwarzwurzeln unter fließendem kalten Wasser gründlich abbürsten, dünn schälen, abspülen und abtropfen lassen. Schwarzwurzeln erst in etwa 3 cm lange Stücke, dann in dünne Stifte schneiden. Schwarzwurzeln sofort in das Essigwasser legen, damit sie weiß bleiben.

2. Möhren putzen, schälen, abspülen und abtropfen lassen. Kartoffeln schälen, abspülen und abtropfen lassen. Rettich (Sellerie bzw. Petersilienwurzel) schälen, abspülen und abtropfen lassen. Die Zutaten längs vierteln und in dünne Scheiben schneiden. Schwarzwurzeln in ein Sieb geben und abtropfen lassen.

3. Gemüsebrühe in einen Topf geben und aufkochen lassen. Vorbereitetes Gemüse in die heiße Brühe geben, erneut aufkochen und mit Deckel etwa 5 Minuten bei schwacher Hitze köcheln lassen.

4. Inzwischen Frühlingszwiebeln putzen, abspülen, abtropfen lassen und in etwa 1 cm lange Stücke schneiden. Shiitake-Pilze mit Küchenpapier abreiben. Stiele herausdrehen oder abschneiden. Die Pilzköpfe in feine Streifen schneiden. Tofu in Würfel schneiden.

5. Frühlingszwiebelstücke, Pilzstreifen und Tofuwürfel in den Eintopf geben und kurz aufkochen. Eintopf mit Sesamöl, Sojasauce und Cayennepfeffer abschmecken, dann servieren.

Tipp:

Shiitake-Pilze wachsen zwar ganzjährig, sind aber nicht immer im Handel erhältlich. Stattdessen können Sie Champignons verwenden.

Noch ein Tipp:

Schwarzwurzeln gibt es frisch nur in den Monaten Oktober bis März zu kaufen. Alternativ Schwarzwurzeln aus dem Glas verwenden. Diese in einem Sieb abtropfen lassen, je nach Größe quer durchschneiden und mit den Zutaten in die heiße Brühe geben.

Variante 1:

Für einen **grünen, japanischen Tofu-Eintopf mit Pilzen** das Gemüse durch je 100 g Zuckerschoten, Staudensellerie, grüne Paprikaschote und Zucchini ersetzen.

Variante 2:

Feuertopf (für 2 Personen). Hierfür 12,5 g getrocknete Shiitake-Pilze nach Packungsanleitung einweichen. Anschließend die Pilze herausnehmen, abtropfen lassen. Die Köpfe in Streifen schneiden und das Einweichwasser beiseitestellen. Etwa 100 g Möhren putzen, schälen, abspülen und abtropfen lassen. Etwa 100 g Zucchini abspülen, abtrocknen und die Enden abschneiden. Möhren und Zucchini erst in etwa 5 cm dicke Scheiben, dann in Streifen schneiden. 100 g Pak Choi (ersatzweise Chinakohl) abspülen, abtropfen lassen und in mundgerechte Stücke schneiden. 400 ml Gemüsebrühe mit dem Einweichwasser (von den Pilzen) und 1 Esslöffel Sojabohnen-Paste (aus dem Asialaden) verrühren und aufkochen. Nach und nach Möhren, Pilze, Zucchini und Pak Choi hinzugeben. Etwa 10 Minuten mit Deckel bei schwacher Hitze köcheln lassen. 40 g chinesische Eiernudeln hinzugeben und kurz mitgaren. 75–100 g Tofu in Würfel schneiden. ½ Bund Frühlingszwiebeln putzen, abspülen, abtropfen lassen und in etwa 3 cm große Stücke schneiden. Tofu und Frühlingszwiebeln in den Feuertopf geben und kurz darin erwärmen. Feuertopf nach Belieben mit ½ Esslöffel Sesamöl, mit chinesischer Sojasauce und Chilisauce abschmecken.

Gelbe Linsensuppe mit Joghurt

Zubereitungszeit: etwa 45 Minuten, für 2 Personen.

Dazu passt:
Baguette oder Ciabatta.

Variante:
Die Linsensuppe lässt sich verfeinern, indem Sie 3–4 Esslöffel Schlagsahne kurz vor dem Servieren unter die fertig gekochte Suppe rühren, dann den Joghurt weglassen.

Tipps:
Gelbe oder rote Linsen haben nur eine kurze Garzeit, sie zerfallen sonst. Deshalb die Packungsanleitung beachten. Sie können durch getrocknete, braune Tellerlinsen ersetzt werden. Dann die Linsen (nach Packungsanleitung) 30–35 Minuten in der Brühe garen.

Noch ein Tipp:
Kreuzkümmel (Cumin) kommt vor allem in der arabischen und indischen Küche vor. Er ist im Geschmack etwas schärfer als der klassische Kümmel und gibt mit Koriander und Cayennepfeffer dem Gericht eine orientalische Note. Wer es noch orientalischer mag, schmeckt die Suppe am Schluss erneut mit den drei Gewürzen ab.

Exotisch

Zutaten:

½ kleine Zwiebel
1 Knoblauchzehe
1 TL Speiseöl, z. B. Sonnenblumenöl
2 Prisen Kreuzkümmel (Cumin)
2 Prisen gemahlener Koriander
2 Prisen Cayennepfeffer
100 g getrocknete, gelbe oder rote Linsen
400 ml Gemüsebrühe
1 Dose Gemüsemais
(Abtropfgewicht 140 g)
15 g Rosinen
Salz
frisch gemahlener Pfeffer
½ TL frisch gepresster Zitronen- oder
Limettensaft
2–4 Stängel glatte Petersilie
75 g Joghurt

E: 17 g, F: 6 g, Kh: 42 g,
kJ: 1248, kcal: 298, BE: 3,5

Zubereitung:

1. Zwiebel und Knoblauchzehe abziehen, in feine Würfel schneiden. Öl in einem Topf erhitzen und die Zwiebelwürfel bei mittlerer Hitze darin kurz andünsten. Dann den Knoblauch dazugeben und kurz mitdünsten. Kreuzkümmel, Koriander und Cayennepfeffer dazugeben und alles gut verrühren.

2. Linsen und Gemüsebrühe zugeben, verrühren und zum Kochen bringen. Linsen mit Deckel nach Packungsanleitung 10 Minuten bei schwacher Hitze gar kochen, dabei gelegentlich umrühren.

3. Mais in einem Sieb abtropfen lassen und mit den Rosinen dazugeben. Alles gut verrühren. Suppe mit Salz, Pfeffer und Zitronen- oder Limettensaft abschmecken.

4. Petersilie abspülen und trocken tupfen. Die Blättchen von den Stängeln zupfen und fein hacken. Die Suppe vor dem Servieren mit der gehackten Petersilie bestreuen. Den Joghurt glatt rühren und in einem Extraschälchen dazureichen.

Macht richtig satt

Brokkoli-Käse-Suppe

Zubereitungszeit: etwa 35 Minuten, ohne Abkühlzeit, für 2 Personen.

Zubereitung:

1. Mandelblättchen in einer Pfanne ohne Fett goldgelb rösten und auf einem Teller erkalten lassen.

2. Vom Brokkoli Blätter entfernen, den Brokkoli in Röschen teilen, den Strunk schälen und in Stücke schneiden. Brokkoli abspülen und abtropfen lassen. Gemüsebrühe in einem Topf zugedeckt zum Kochen bringen. Brokkoli hinzufügen und 5–8 Minuten bei mittlerer Hitze garen.

3. Einige Brokkoliröschen für die Suppeneinlage mit einer Schaumkelle entnehmen und in einem Sieb abtropfen lassen. Restlichen Brokkoli zusammen mit der Brühe pürieren.

4. Schmelzkäse hinzufügen und darin unter Rühren bei schwacher Hitze schmelzen. Topf von der Kochstelle nehmen.

5. Sahne mit Eigelb verquirlen, in die Suppe rühren. Suppe nicht mehr kochen lassen. Brokkoli-Käse-Suppe mit Salz, Pfeffer und Muskat abschmecken.

6. Vor dem Servieren die restlichen Brokkoliröschen in die Suppe geben und kurz darin erwärmen. Die Suppe mit Mandelblättchen bestreut servieren.

Variante 1:

Champignon-Käse-Suppe (für 2 Personen). Hierfür 300 g Champignons putzen, mit Küchenpapier abreiben und in Scheiben schneiden. 2 Zwiebeln abziehen und fein würfeln. 25 g Butter oder Margarine in einem Topf zerlassen, Champignonscheiben und Zwiebelwürfel darin andünsten. 500 ml (½ l) Gemüsebrühe hinzugießen, zum Kochen bringen und mit Deckel 8–10 Minuten bei mittlerer Hitze köcheln lassen. 1 Ecke (62,5 g) Schmelzkäse unterrühren, die Suppe nicht mehr kochen lassen. Suppe mit Salz, Pfeffer und nach Belieben mit 3 Esslöffeln trockenem Weißwein abschmecken. Suppe mit 1 Esslöffel gehackter Petersilie bestreut servieren. Sie können den Weißwein durch die gleiche Menge Gemüsebrühe ersetzen.

Variante 2:

Zucchini-Käse-Suppe (für 2 Personen). 250 g Zucchini abspülen, abtrocknen und die Enden abschneiden. Zucchini grob raspeln. 20 g Butter oder Margarine in einem Topf zerlassen, Zucchiniraspel darin andünsten. 1 Knoblauchzehe abziehen, durch eine Knoblauchpresse drücken und zu den Zucchiniraspeln geben. 1–1½ Esslöffel Weizenmehl darüberstäuben, unterrühren und kurz mitdünsten. Dann 400 ml Gemüsebrühe und 100 ml Weißwein hinzugießen und gut durchrühren. Dabei darauf achten, dass keine Klümpchen entstehen. Suppe zum Kochen bringen und etwa 5 Minuten kochen lassen. 40 g Gouda-Käse grob reiben, mit 100 g Schmelzkäse (z. B. mit Sahne- oder Kräutergeschmack) in die Suppe geben und unter Rühren auflösen. Die Suppe nicht mehr kochen lassen. ½ Bund Dill abspülen, trocken tupfen und die Spitzen von den Stängeln zupfen. Dillspitzen fein hacken und in die Suppe geben. Die Suppe mit Salz und Pfeffer abschmecken.

Zutaten:

1–2 EL Mandelblättchen
300 g Brokkoli
400 ml Gemüsebrühe
1 Ecke Kräuter-Schmelzkäse (etwa 62,5 g)
50 g Schlagsahne
1 frisches Eigelb (Größe S)
Salz
frisch gemahlener Pfeffer
frisch geriebene Muskatnuss

E: 12 g, F: 27 g, Kh: 5 g,
kJ: 1307, kcal: 312, BE: 0,5

Preiswert Channa Dal (Indische gelbe Erbsensuppe)

Zubereitungszeit: etwa 15 Minuten,
Kochzeit: etwa 80 Minuten,
für 1 Person.

Zubereitung:

1. Schälerbsen in einem Sieb kalt abspülen, abtropfen lassen, mit Gemüsebrühe in einem Topf aufkochen. Die Hitze reduzieren und dabei die Brühe mehrmals mit einer Schaumkelle abschäumen.

2. Lorbeerblatt, Zimt, Chilipulver und Kardamom hinzugeben und mit Deckel bei mittlerer Hitze etwa 80 Minuten köcheln lassen, bis die Erbsen weich sind und zerfallen. Dabei gelegentlich umrühren. Anschließend alles fein pürieren.

3. Butter in einer kleinen Pfanne zerlassen. Curry, Kurkuma und Kokosraspel hineingeben und kurz darin andünsten. Butter-Kokos-Masse in die pürierte Erbsensuppe rühren. Rosinen und Kreuzkümmel dazugeben und die Suppe erneut erwärmen. Suppe nach Belieben mit den Gewürzen abschmecken.

Kleine Warenkunde:

Schälerbsen müssen nicht eingeweicht werden (wie z. B. Kichererbsen oder getrocknete Erbsen), da die äußere harte Schale beim Schälvorgang bereits entfernt wurde.
Kardamom wird bei uns vorwiegend in der Weihnachtsbäckerei verwendet und ist Bestandteil von Currypulver. Kardamom ist ein rötlich-graues Pulver, das vor allem aus Indien kommt. Es ist leicht scharf im Geschmack.

Variante:

Erbsensuppe mit Knoblauch-Crostini (für 2 Personen). Hierfür ½ Bund Frühlingszwiebeln putzen, abspülen, abtropfen lassen und in Scheiben schneiden. 400 ml Gemüsebrühe in einem Topf erhitzen, Frühlingszwiebelscheiben hinzugeben und aufkochen lassen. 300 g TK-Erbsen unaufgetaut in die Brühe geben und wieder zum Kochen bringen. Erbsen in der Brühe mit Deckel bei schwacher Hitze etwa 8 Minuten garen, anschließend pürieren. ½ Becher (75 g) Crème fraîche in die Suppe rühren, nach Belieben erneut pürieren. Die Suppe mit Salz und Pfeffer abschmecken, mit einigen frischen Blättchen Oregano garnieren. Für die Crostini 1–2 Knoblauchzehen abziehen, halbieren und 4 Scheiben Baguette damit einreiben. 2 Esslöffel Olivenöl oder Butter in einer Pfanne erhitzen oder zerlassen. Die Baguettescheiben von beiden Seiten darin goldbraun rösten.

Zutaten:

60 g getrocknete, gelbe Schälerbsen
250 ml (¼ l) Gemüsebrühe
1 kleines Lorbeerblatt
1 Prise gemahlener Zimt
1 Msp. Chilipulver
¼ TL gemahlener Kardamom
10 g Butter
½ TL Currypulver
1 Msp. Kurkuma
½ EL Kokosraspel
1 EL Rosinen
1 Msp. Kreuzkümmel (Cumin)

E: 16 g, F: 15 g, Kh: 39 g,
kJ: 1492, kcal: 357, BE: 3,5

Dazu passt:

Fladenbrot.

Tipp:

Das Rezept lässt sich für Gäste leicht verdoppeln bzw. vervierfachen.

Noch ein Tipp:

Die doppelte Menge Suppe zubereiten. Eine Hälfte gleich verzehren und die andere Hälfte kalt stellen. Die kalt gestellte Suppe am nächsten oder übernächsten Tag wieder erwärmen.

Etwas teurer

Bunter Safran-Reis

Zubereitungszeit: etwa 40 Minuten, für 2 Personen.

Zubereitung:

1. In einem Topf 1½ Esslöffel Öl erhitzen. Reis hinzugeben und darin andünsten, bis die Reiskörner glasig sind. Brühe hinzugießen. Das Ganze mit Safran und Salz würzen und zum Kochen bringen. Reis mit Deckel nach Packungsanleitung etwa 20 Minuten quellen lassen, bis der Reis die Brühe aufgenommen hat. Den gegarten Reis in ein Sieb geben und warm stellen.

2. Inzwischen Bohnen nach Packungsanleitung in kochendem Wasser garen, dann die Bohnen abgießen.

3. Tomaten kreuzweise einschneiden, kurz in kochendes Wasser legen, anschließend mit kaltem Wasser abschrecken. Tomaten enthäuten, halbieren und die Stängelansätze herausschneiden. Tomaten achteln. Zwiebel abziehen und erst in Scheiben schneiden, dann in Ringe teilen. Pilze putzen, mit Küchenpapier abreiben. Kleine Pilze ganz lassen, größere halbieren oder vierteln.

4. Restliches Öl in einer großen Pfanne erhitzen. Zuerst die Zwiebelringe darin andünsten, dann die Pilze zugeben und unter gelegentlichem Rühren mitdünsten. Pilze mit Salz und Pfeffer würzen.

5. Bohnen mit den Tomaten zu den Pilzen geben. Pilze mit Salz, Pfeffer und Bohnenkraut abschmecken, nochmals kurz erwärmen.

6. Butter in einem Topf zerlassen. Safran-Reis zufügen und darin erwärmen. Das Pilzgemüse mit dem Reis vermengen und servieren.

Tipp:

Wenn es schnell gehen soll, dann ersetzen Sie die beiden Tomaten durch etwa 3 Esslöffel stückige Tomaten (Tetra Pak®). Tomatenstückchen mit den Bohnen zu den Pilzen geben. Dann den Reis weiter wie im Rezept beschrieben zubereiten.

Dazu passt:

Ein **Salat mit Grapefruit** (für 2 Personen). Hierfür 1 Esslöffel Mandelblättchen in einer Pfanne ohne Fett goldbraun rösten, dann herausnehmen und auf einem Teller erkalten lassen. 1 kleine rosa Grapefruit so schälen, dass die weiße Haut vollständig mitentfernt wird. Das Fruchtfleisch zwischen den Trennhäuten herausschneiden, dabei den Saft für die Sauce auffangen.
Für die Rosmarin-Honig-Sauce 1 kleinen Stängel Rosmarin abspülen, trocken tupfen und die Nadeln von den Stängeln zupfen. Rosmarinnadeln fein hacken (ersatzweise 1–2 Prisen gerebelten Rosmarin verwenden). 1 kleine Schalotte abziehen und fein würfeln. Aufgefangenen Grapefruitsaft (1–2 Esslöffel) mit 1 Esslöffel Weißweinessig und ½–1 Teelöffel flüssigem Honig verrühren. Rosmarin und Schalottenwürfel unterrühren. Sauce mit Salz und Pfeffer würzen, 2–3 Esslöffel Distelöl unterschlagen. ½ gelbe Paprikaschote entstielen, entkernen und die weißen Scheidewände entfernen.
Paprikahälfte abspülen, abtropfen lassen und in feine Streifen schneiden. 75 g Feldsalat verlesen, Wurzelansätze abschneiden. ½ kleinen Kopf Lollo Rosso putzen. Beide Salate waschen, gut abtropfen lassen oder trocken schleudern. Salatblätter in mundgerechte Stücke zupfen. 25 g frischen Parmesan-Käse am Stück mit einem Sparschäler oder Käsehobel in dünne Späne hobeln. Vorbereitete Salate, Grapefruitfilets und Paprikastreifen in einer Schüssel vermengen. Die Sauce untermischen. Salat mit Mandelblättchen und Parmesan-Spänen servieren.

Kleine Warenkunde:

Safran zählt zu den teuersten Gewürzen der Welt. Er färbt die Speisen gelb und schmeckt etwas bitter-scharf.

Zutaten:

3 EL Speiseöl, z. B. Sonnenblumenöl
100–125 g Langkornreis
etwa 250 ml (¼ l) Gemüsebrühe
½ Dose (0,1 g) gemahlener Safran
Salz
75 g TK-Grüne Bohnen
2 mittelgroße Tomaten
1 mittelgroße Zwiebel
100 g Champignons (möglichst kleine)
100 g Shiitake-Pilze (möglichst kleine)
100 g Pfifferlinge (möglichst kleine)
frisch gemahlener Pfeffer
getrocknetes Bohnenkraut
20 g Butter

E: 10 g, F: 24 g, Kh: 55 g,
kJ: 1969, kcal: 470, BE: 4,5

Raffiniert – preiswert

Basilikum-Reis-Bällchen

Zubereitung:

1. Salzwasser in einem Topf zum Kochen bringen. Reis hineingeben und mit Deckel nach Packungsanleitung etwa 30 Minuten garen. Reis abgießen und abkühlen lassen.

2. Reis mit Quark, Ei, Parmesan und Semmelbröseln in eine Schüssel geben und verkneten.

3. Basilikum abspülen, trocken tupfen, die Blättchen von den Stängeln zupfen. Blättchen in Streifen schneiden und die Hälfte davon unter die Reismasse mischen. Die Reis-Basilikum-Masse mit Salz und Pfeffer abschmecken.

4. Mit angefeuchteten Händen etwa 6 gleich große Bällchen aus der Reismasse formen. Öl in einem hohen Topf erhitzen. Das Öl hat dann die richtige Temperatur erreicht, wenn sich an einem ins Fett gehaltenen Holzlöffel kleine Bläschen bilden. Die Reisbällchen portionsweise in dem Öl 3–4 Minuten goldbraun frittieren, dabei evtl. wenden. Dann die Bällchen mit einer Schaumkelle herausnehmen, auf Küchenpapier abtropfen lassen und warm stellen.

5. Für das Gemüse Porree putzen, die Stange längs halbieren, gründlich abspülen und abtropfen lassen. Porree in Scheiben schneiden. Tomaten kreuzweise einschneiden, kurz in kochendes Wasser legen, anschließend mit kaltem Wasser abschrecken. Tomaten enthäuten. Tomaten achteln und die Stängelansätze herausschneiden. Knoblauchzehe abziehen und fein würfeln.

6. Öl in einem Topf erhitzen und die Knoblauchwürfel darin andünsten. Porreescheiben zufügen und kurz mitdünsten. Brühe unterrühren, einmal kurz aufkochen lassen und mit Deckel bei schwacher Hitze etwa 5 Minuten garen. Tomaten hinzufügen, 3–4 Minuten mitgaren, mit Salz und Pfeffer würzen. Restliche Basilikumstreifen unterrühren.

7. Für den Dip Crème fraîche mit Joghurt glatt rühren, mit Salz und Pfeffer abschmecken.

8. Das Tomaten-Porree-Gemüse mit Basilikum-Reis-Bällchen und dem Dip servieren.

Dazu passt:

Gebratener Mandel-Tofu (für 2 Personen). Hierfür 300 g Tofu in etwa ½ cm dicke Scheiben schneiden. 4 Esslöffel Sojasauce mit 1 Esslöffel Weißweinessig und ½ Teelöffel Ahornsirup verrühren. Tofu in eine flache Schale geben und mit der Marinade beträufeln. Tofu mit Frischhaltefolie zugedeckt im Kühlschrank etwa 2 Stunden marinieren. Anschließend den Tofu aus der Marinade nehmen, etwas trocken tupfen und in 2 Esslöffeln abgezogenen, gemahlenen Mandeln wenden. Tofu in 3–4 Esslöffeln Sesamöl von beiden Seiten goldgelb braten.

Variante:

Reisbällchen mit Mozzarella (für 2 Personen). Hierfür 200 g Tomatenstücke mit Kräutern (Tetra Pak®) und 200 ml Gemüsebrühe in einen Topf geben und aufkochen. 200 g Aborio-Reis (Rundkornreis) hinzufügen und zugedeckt etwa 30 Minuten bei schwacher Hitze quellen lassen. Dabei gelegentlich umrühren. Gegarten Reis etwas abkühlen lassen, evtl. in ein Sieb geben. 1 Ei (Größe M) und 30 g frisch geriebenen Parmesan-Käse unterrühren. Mit Salz und Pfeffer würzen. Etwa 60 g Mozzarella-Käse abtropfen lassen und würfeln. 1 Esslöffel gehackte Basilikumblättchen unterrühren. Von der Reismasse eine Portion mit etwas Mehl bestäuben und in der Hand flachdrücken. Einige Mozzarella-Würfel in die Mitte geben, den Reis um die Füllung herum zu einem Bällchen formen. Genauso mit dem restlichen Reis verfahren. 1 Ei verquirlen. Reisbällchen erst in Ei, dann in etwa 4 Esslöffeln Semmelbrösel wenden. 1 Liter Speiseöl in einem großen Topf erhitzen und die Reisbällchen in dem Fett goldbraun frittieren.

auf Tomaten-Porree

Zubereitungszeit: etwa 40 Minuten, ohne Koch- und Abkühlzeit für den Reis, für 2 Personen (ergibt 6 Bällchen).

Zutaten:

Für die Basilikum-Reis-Bällchen:
375 ml (3/8 l) Salzwasser
125 g Naturreis
etwa 25 g Magerquark
1 Ei (Größe M)
40 g frisch geriebener Parmesan-Käse
30 g Semmelbrösel
½ Bund Basilikum
Salz
frisch gemahlener Pfeffer
etwa 1 l Speiseöl zum Frittieren, z. B. Sonnenblumenöl

Für das Gemüse:
1 Stange Porree (Lauch)
400 g Tomaten
1 Knoblauchzehe
1½ EL Speiseöl, z. B. Sonnenblumenöl
50 ml Gemüsebrühe

Für den Dip:
½ Becher (75 g) Crème fraîche
75 g Joghurt

E: 23 g, F: 48 g, Kh: 70 g,
kJ: 3401, kcal: 814, BE: 5,5

Einfach Gemüseschnitzel

Zubereitungszeit: etwa 30 Minuten, für 1 Person.

Zubereitung:

1. Gemüse putzen, schälen, abspülen und abtropfen lassen. Das Gemüse in etwa ½ cm dicke Scheiben schneiden. Gemüsescheiben in kochendem Salzwasser 3–5 Minuten garen. Gemüse gut abtropfen lassen, dann mit Salz und Pfeffer würzen.

2. Mehl, Semmelbrösel und Ei in je einen tiefen Teller geben. Ei mit einer Gabel verschlagen. Die Gemüsescheiben nacheinander in Mehl, Ei und Semmelbröseln wenden. Die Semmelbrösel leicht andrücken.

3. Das Öl in einer großen beschichteten Pfanne erhitzen. Die Gemüsescheiben darin von jeder Seite in etwa 2 Minuten goldgelb braten. Kurz vor Ende der Bratzeit die Butter mit in die Pfanne geben und darin zerlassen.

Tipp:

Die Gemüseschnitzel als vegetarisches Hauptgericht, z. B. mit einem **Kräuterquark** (für 1 Person) servieren. Für den Kräuterquark 1 kleine Zwiebel abziehen und fein würfeln. 100 g Magerquark mit 1 Esslöffel Milch, 2 Esslöffeln Crème fraîche und den gewürfelten Zwiebeln verrühren. Quark mit Salz und Pfeffer würzen. 2 Esslöffel gemischte, frisch gehackte Kräuter, z. B. Schnittlauch, glatte Petersilie, Kerbel, Dill unterrühren (ersatzweise TK-Kräuter) und zu den Gemüseschnitzeln servieren.

Noch ein Tipp:

Knollensellerie, Zucchini und Steckrübe müssen nicht unbedingt in kochendem Salzwasser vorgegart werden. Hier reicht es, wenn die panierten Gemüsescheiben gleich in der Pfanne gebraten werden. Wichtig: Dann die Gemüsescheiben 3–4 Minuten pro Seite braten.

Variante:

Sie können Gemüseschnitzel auch mit unterschiedlichen Panaden zubereiten. Dafür nur 3 Esslöffel Semmelbrösel mit 1 Esslöffel frisch geriebenem Parmesan-Käse oder 10 g fein gehackten Sonnenblumenkernen mischen. Ersetzen Sie die Semmelbrösel durch 50 g zerkleinerte Cornflakes, dann erhalten Sie eine knusprige Panade.

Zutaten:

200 g Gemüse, z. B. Knollensellerie, Zucchini, Steckrübe, Süßkartoffel, Rote Bete
500 ml (½ l) Salzwasser
Salz
frisch gemahlener Pfeffer
2 EL Weizenmehl
4 EL Semmelbrösel
1 Ei (Größe S)
1½ EL Speiseöl, z. B. Rapsöl
15 g Butter

E: 12 g, F: 21 g, Kh: 51 g,
kJ: 1851, kcal: 442, BE: 4,0

Dazu passt:

Champignon-Reis-Salat (für 2 Personen).
Hierfür 50 g Naturreis mit 150 ml Gemüsebrühe in einem geschlossenen Topf zum Kochen bringen und bei schwacher Hitze nach Packungsanleitung etwa 30 Minuten garen. Anschließend Reis in ein Sieb geben, abtropfen und abkühlen lassen. 1 Frühlingszwiebel putzen, abspülen, abtropfen lassen und in feine Scheiben schneiden. 50 g Joghurt mit 25 g Joghurt-Salatcreme verrühren, mit Salz, Pfeffer, 1 Messerspitze Zucker und etwas Cayennepfeffer abschmecken. Mit den Frühlingszwiebelscheiben unter den Reis heben. Die Masse mit Frischhaltefolie zugedeckt etwa 30 Minuten in den Kühlschrank stellen. 50 g Champignons putzen, mit Küchenpapier abreiben und halbieren oder in Scheiben schneiden. 1 Esslöffel Speiseöl in einer kleinen Pfanne erhitzen und die Champignonhälften oder -scheiben unter Rühren darin etwa 2 Minuten braten. Mit Salz und Pfeffer würzen, dann abkühlen lassen. Etwa 100 g Möhren putzen, schälen, abspülen und abtropfen lassen. Möhren in feine Stifte schneiden. ½ gelbe Paprikaschote entstielen, entkernen und die weißen Scheidewände entfernen. Schote abspülen, abtrocknen und fein würfeln. Pilze, Möhren und Paprika mit der kalt gestellten Reismasse vermengen und nach Belieben mit 1 Esslöffel Schnittlauchröllchen bestreut servieren.

Simpel
Blumenkohl-Curry

Zubereitungszeit: etwa 30 Minuten,
für 1–2 Personen.

Zutaten:

300 g Blumenkohl
Salz
50 g Porree
75 g Möhren
1 kleine Schalotte
1 kleine rote Chilischote
10 g Butter
1 Msp. Currypulver
2 Prisen gemahlener Piment
Saft von ½ Zitrone
2 EL Wasser
1 TL Honig
1 hart gekochtes Ei
75 g Joghurt

E: 8 g, F: 9 g, Kh: 10 g,
kJ: 687, kcal: 164, BE: 0,5

Zubereitung:

1. Von dem Blumenkohl die Blätter und die schlechten Stellen entfernen, den Strunk abschneiden und den Blumenkohl in Röschen teilen. Blumenkohlröschen abspülen und gut abtropfen lassen. Blumenkohlröschen in kochendem Salzwasser mit Deckel bei mittlerer Hitze etwa 10 Minuten bissfest garen.

2. In der Zwischenzeit Porree putzen, die Stange längs halbieren, gründlich abspülen und abtropfen lassen. Möhren putzen, schälen, abspülen und abtropfen lassen. Porree und Möhren in dünne Scheiben schneiden.

3. Schalotte abziehen, fein würfeln. Chilischote halbieren, entstielen, entkernen und die Scheidewände entfernen. Schote abspülen, abtropfen lassen und in feine Streifen schneiden.

4. Butter in einem Topf zerlassen. Schalottenwürfel und Chilistreifen kurz darin andünsten. Porree- und Möhrenscheiben hinzufügen, unter Rühren ebenfalls kurz andünsten. Salz, Currypulver und Piment unterrühren. Zitronensaft, Wasser und Honig hinzufügen und alles einmal aufkochen lassen. Gemüse mit Deckel etwa 8 Minuten garen, dabei gelegentlich umrühren.

5. Das Ei in Spalten schneiden. Blumenkohl mit einer Schaumkelle aus dem Wasser nehmen, abtropfen lassen, mit den Eispalten zum Gemüse geben und kurz darin erwärmen.

6. Joghurt unter das Blumenkohl-Curry rühren und evtl. nochmals mit den Gewürzen abschmecken.

Variante:
Ersetzen Sie den Blumenkohl durch die gleiche Menge Brokkoli. Die Garzeit verringert sich für die Brokkoliröschen auf 5–7 Minuten.

Tipps:
Die Kombination aus Ei und Joghurt beim Blumenkohl-Curry ist optimal für Ovo-Lacto-Vegetarier. Beide Lebensmittel liefern hochwertiges tierisches Eiweiß, dass der Körper selbst nicht aufbauen kann.

Statt Ei können Sie auch eine handvoll Soja- oder Mungobohnensprossen über das Curry streuen. Dafür die Sprossen in ein Sieb geben, unter fließendem kalten Wasser abspülen und gut abtropfen lassen, evtl. auf ein Küchentuch geben. Sprossen kurz vor dem Servieren auf das Gemüse-Curry streuen. Die Sprossen liefern für unsere tägliche Ernährung wichtiges pflanzliches Eiweiß.

Noch ein Tipp:
Blumenkohl hält sich im Gemüsefach des Kühlschrankes mehrere Tage lang frisch. Übrig gebliebene Blumenkohlreste zu „Blumenkohlsalat“ (S. 74) weiter verarbeiten.

Dazu passen:
Naan-Brot (flaches, indisches Gewürzbrot) und **Reissalat** (für 2 Personen). Für den Reissalat 100 g Langkornreis in 250 ml (¼ l) Gemüsebrühe im geschlossenen Topf aufkochen und bei schwacher Hitze nach Packungsanleitung in 16–18 Minuten bissfest garen. Anschließend in ein Sieb geben, abtropfen und abkühlen lassen. 200 g Staudensellerie putzen, die harten Außenfäden abziehen. Sellerie abspülen, abtropfen lassen und in Scheiben schneiden. 2 Fleischtomaten abspülen, abtropfen lassen, halbieren und die Stängelansätze herausschneiden. Tomaten würfeln. ½ Bund Frühlingszwiebeln putzen, abspülen, abtropfen lassen und in feine Scheiben schneiden. Sellerie-, Frühlingszwiebelscheiben und Tomatenwürfel mit dem abgekühlten Reis vermengen. Reis mit 2–3 Esslöffeln frisch gepresstem Zitronensaft, 1 Esslöffel Distelöl, Salz, Pfeffer, etwas Chilipulver und je ½ Esslöffel frisch gehackter Minze und frisch gehackten Dillspitzen abschmecken.

Tipp:

Auberginen enthalten oft einen bitteren Saft, besonders die ausgereiften Früchte mit ihren gut entwickelten Samenkernen. Das Salz entwässert die Auberginen und entzieht ihnen somit den Bitterstoff. Gleichzeitig nehmen die Auberginen weniger Fett beim Braten auf.

Einfach

Auberginen „Lido“

Zubereitungszeit: etwa 20 Minuten, ohne Ziehzeit, für 2 Personen.

Zutaten:

400 g Auberginen
Salz
6–8 EL Speiseöl, z. B. Sonnenblumenöl
2 Knoblauchzehen
1 Dose stückige Tomaten (400 g)
frisch gemahlener Pfeffer
1 Msp. gerebelter Majoran
1–2 Stängel Basilikum
2 Zitronenachtel

E: 4 g, F: 31 g, Kh: 10 g,
kJ: 1402, kcal: 334, BE: 0,5

Zubereitung:

1. Auberginen abspülen, abtropfen lassen und die Enden abschneiden. Die Auberginen in etwa 2 cm große Würfel schneiden, mit Salz bestreuen und etwa 20 Minuten ziehen lassen. Anschließend die Auberginenwürfel mit Küchenpapier trocken tupfen.

2. Öl portionsweise in einer Pfanne erhitzen. Die Auberginenwürfel darin portionsweise bei mittlerer bis starker Hitze anbraten. Dabei gelegentlich wenden. Anschließend zum Abtropfen auf Küchenpapier geben.

3. Knoblauchzehen abziehen, fein hacken und im verbliebenen Bratfett andünsten. Tomatenstücke hinzugeben und einmal aufkochen lassen.

4. Die Tomatensauce mit Salz, Pfeffer und Majoran abschmecken. Die Auberginenwürfel hineingeben, verrühren und kurz darin erwärmen. Basilikum abspülen, trocken tupfen und die Blättchen von den Stängeln zupfen.

5. Auberginen mit Basilikumblättchen und Zitronenachteln servieren.

Dazu passen:

Fladenbrot und ein **einfacher Eiersalat** (für 2 Personen). Hierfür 3 hart gekochte Eier pellen und in Scheiben schneiden. 100 g Gouda-Käse in kleine Würfel und 3–4 Gewürzgurken in Scheiben schneiden. 1 kleine, rote Paprikaschote halbieren, entstielen, entkernen und die weißen Scheidewände entfernen. Schote abspülen, abtropfen lassen und in feine Streifen oder Würfel schneiden. Eier, Käse und Paprika vermengen. Für die Sauce ½ Becher (75 g) Crème légère mit 1½ Esslöffeln Milch und ½ Teelöffel mittelscharfem Senf verrühren. Die Sauce mit Salz, Pfeffer und etwas Worcestersauce würzen. Die Sauce mit den vorbereiteten Salatzutaten vermengen und mit 1 Esslöffel Schnittlauchröllchen bestreuen. Nach Belieben können Sie zusätzlich 2–3 Esslöffel abgetropften Gemüsemais unter den Eiersalat heben.

Raffiniert – schnell

Zubereitungszeit: etwa 30 Minuten, für 2 Personen.

Gebackene Käsewürfel auf Kohlrabiragout

Zubereitung:

1. Von dem Kohlrabi die Blätter entfernen, die zarten Blätter in feine Streifen schneiden und zum Garnieren beiseitelegen. Kohlrabi schälen, abspülen, abtropfen lassen und in etwa 1 cm große Würfel schneiden.

2. Zwiebel abziehen und fein würfeln. Butter in einem Topf zerlassen und die Zwiebel darin glasig dünsten.

3. Kohlrabiwürfel mit Majoran, Salz und Pfeffer hinzufügen und unter Rühren kurz darin andünsten. Brühe zugießen, zum Kochen bringen und mit Deckel etwa 10 Minuten bei schwacher Hitze dünsten. Dabei gelegentlich umrühren.

4. Inzwischen den Käse in etwa 2 cm große Würfel schneiden. Ei und Semmelbrösel in je einen tiefen Teller geben. Das Ei mit einer Gabel verschlagen.

5. Käsewürfel nacheinander zuerst in Ei, dann in Semmelbröseln wenden. Semmelbrösel leicht andrücken.

6. Die Hälfte des Butterschmalzes in einer großen, beschichteten Pfanne erhitzen. Einige Käsewürfel hineinlegen und von allen Seiten bei mittlerer Hitze goldgelb braten. Anschließend auf Küchenpapier abtropfen lassen. Restliche Käsewürfel im verbliebenen Butterschmalz ebenso braten.

7. Kohlrabi mit Petersilie und beiseitegelegten Kohlrabiblättchen vorsichtig vermengen. Die gebackenen Käsewürfel auf dem Kohlrabiragout verteilen und servieren.

Dazu passt:

Römersalat mit Zucchini und gebratenen Mozzarella-Streifen (für 2 Personen). 250 g Zucchini abspülen, abtropfen lassen, die Enden abschneiden. Zucchini in Scheiben schneiden. Zucchinischeiben mit etwa ½ Teelöffel Salz bestreuen und etwa 10 Minuten ziehen lassen. Inzwischen 75 g Staudensellerie putzen, die harten Außenfäden abziehen. Sellerie abspülen, abtropfen lassen und in Scheiben schneiden. 1 rote Paprikaschote halbieren, entstielen, entkernen und die weißen Scheidewände entfernen. Schote abspülen, abtropfen lassen und würfeln. Von ½ Kopf Römersalat die äußeren welken Blätter entfernen. Salat waschen, trocken tupfen oder schleudern und in breite Streifen schneiden. Zucchinischeiben trocken tupfen. 1–2 Esslöffel Olivenöl in einer großen Pfanne erhitzen und die Zucchinischeiben darin unter gelegentlichem Wenden braten. Paprikawürfel hinzugeben und kurz mitbraten. Zucchinischeiben, Paprikawürfel und Selleriescheiben in eine Schüssel geben, mit Pfeffer und etwas gemahlenem Kreuzkümmel (Cumin) würzen. Für die Sauce 2 Esslöffel Rotweinessig mit Salz und Pfeffer verrühren. 3–4 Esslöffel Olivenöl unterschlagen. Das vorbereitete Gemüse mit der Sauce vermengen. Für die gebratenen Mozzarella-Streifen 1 Packung (125 g) Mozzarella-Käse abtropfen lassen und in dicke Streifen schneiden. 1 Eiweiß (Größe M) mit 2 Prisen Salz verschlagen. 1 gehäufter Esslöffel Weizenmehl, 25 g helle, geschälte Sesamsamen und 25 g dunkle Sesamsamen jeweils getrennt auf einen Teller geben. Mozzarella-Streifen nacheinander erst in Mehl, dann in Eiweiß und hellem oder dunklem Sesam wenden. Sesam dabei leicht andrücken. 3 Esslöffel Speiseöl in einer großen Pfanne erhitzen. Die panierten Mozzarella-Streifen darin bei mittlerer Hitze von beiden Seiten jeweils etwa 2 Minuten braten. Mozzarella-Streifen aus der Pfanne nehmen und auf Küchenpapier abtropfen lassen. Römersalatstreifen mit den restlichen Salatzutaten vermegen, auf Tellern anrichten und die Mozzarella-Streifen darauf verteilen.

Zutaten:

etwa 400 g Kohlrabi
1 kleine Zwiebel
25 g Butter
1 Msp. getrockneter, gerebelter Majoran
Salz
frisch gemahlener Pfeffer
50 ml Gemüsebrühe
200 g Gouda- oder Edamer-Käse (am Stück)
1 Ei (Größe M)
2 EL Semmelbrösel
etwa 80 g Butterschmalz zum Ausbacken
½ EL frisch gehackte Petersilie (ersatzweise TK-Petersilie)

E: 33 g, F: 51 g, Kh: 17 g,
kJ: 2761, kcal: 660, BE: 1,0

Einfach lecker

Tofu-Gemüse-Ragout

Zubereitungszeit: etwa 35 Minuten, für 2 Personen.

Zubereitung:

1. Knoblauchzehe und Zwiebel abziehen, beides fein würfeln. Paprikaschoten entstielen, entkernen und die weißen Scheidewände entfernen. Schoten abspülen, abtropfen lassen und in Würfel schneiden. Zucchini und Aubergine abspülen, abtropfen lassen, die Enden abschneiden. Beides grob würfeln. Tomaten abspülen, abtropfen lassen, halbieren und die Stängelansätze herausschneiden. Tomaten grob würfeln.

2. In einem Topf 2 Esslöffel Öl erhitzen. Knoblauch- und Zwiebelwürfel darin unter Rühren kurz andünsten. Zucchini- und Auberginenwürfel zugeben, mit Salz, Pfeffer und den getrockneten Kräutern würzen. Gemüse unter Rühren bei schwacher Hitze mit Deckel 5–8 Minuten dünsten.

3. Paprikawürfel dazugeben und weitere etwa 5 Minuten mit Deckel dünsten. Dann die Tomatenstücke unterheben und einmal aufkochen lassen.

4. Inzwischen Tofu in Würfel schneiden. Restliches Öl in einer Pfanne erhitzen. Die Tofuwürfel darin von allen Seiten bei mittlerer Hitze anbraten.

5. Tofuwürfel mit den Oliven zum Gemüse geben und vorsichtig untermengen. Ragout mit Deckel noch etwa 5 Minuten garen. Das Ragout nach Belieben mit den Gewürzen abschmecken.

Tipp:

Statt Rosmarin, Thymian und Oregano etwa 1 Teelöffel Kräuter der Provence verwenden.

Dazu passen:

Rosmarin-Kartoffeln (für 2 Personen). 500 g neue Kartoffeln gründlich waschen, evtl. abbürsten, abtropfen lassen. Kartoffeln der Länge nach in dünne Spalten schneiden. 4–5 Esslöffel Olivenöl in einer großen Pfanne erhitzen. Die Kartoffelspalten hinzugeben, mit Salz und Pfeffer würzen. 1 großen Stängel frischen Rosmarin abspülen, trocken tupfen und die Nadeln vom Stängel zupfen. Nadeln hacken und ebenfalls zu den Kartoffelspalten geben. Kartoffeln etwa 20 Minuten braten, bis sie eine braune Kruste haben, dabei ab und zu wenden.

Zutaten:

1 Knoblauchzehe
1 Zwiebel
je ½ grüne und rote Paprikaschote
125 g Zucchini
200 g Auberginen
200 g Tomaten
3 EL Olivenöl
Salz
frisch gemahlener Pfeffer
je 1 Msp. gerebelter Rosmarin, Thymian und Oregano
200–250 g Tofu
75 g Oliven mit Kräutern (aus dem Glas)

E: 22 g, F: 27 g, Kh: 12 g,
kJ: 1631, kcal: 389, BE: 0,5

Variante:

Tofu-Geschnetzeltes (für 2 Personen). 400–500 g Tofu zuerst in Scheiben, dann in dünne Streifen schneiden und in eine flache Auflaufform legen. 1 Knoblauchzehe abziehen, in dünne Scheiben schneiden und über dem Tofu verteilen. Saft von 1½ Zitronen auspressen. Zitronensaft mit 125 ml (⅛ l) Olivenöl und 1–2 Teelöffel TK-Gemischte Kräuter verrühren. Ölmischung über den Tofu gießen. Tofu etwa 1 Stunde mit Frischhaltefolie zugedeckt im Kühlschrank durchziehen lassen. 1 kleine Zwiebel abziehen, zunächst in Scheiben schneiden, dann in Ringe teilen. 1 grüne Paprikaschote halbieren, entstielen, entkernen und die weißen Scheidewände entfernen. Schote abspülen, abtropfen lassen und in Streifen schneiden. 1 Esslöffel Olivenöl in einer Pfanne erhitzen. Tofu-Streifen aus der Kräutermarinade nehmen, etwas trocken tupfen und im heißen Öl bei mittlerer Hitze rundherum anbraten. Zwiebelringe und Paprikastreifen zu dem Tofu in die Pfanne geben und kurz mitbraten. 4 Tomaten abspülen, abtropfen lassen, halbieren und die Stängelansätze entfernen. Tomatenhälften in Spalten schneiden und mit 75 g abgetropften, schwarzen Oliven (ohne Stein) zum Tofu geben. 100 ml Gemüsebrühe hinzugießen. Das Tofu-Geschnetzelte mit Deckel etwa 5 Minuten garen und mit Pfeffer abschmecken. Servieren Sie das Tofu-Geschnetzelte nach Belieben mit Vollkornreis.

Zutaten:

8–12 große Wirsingblätter
(möglichst die Außenblätter)
1 Zwiebel
1 Möhre
100 g Tofu
3 EL Speiseöl, z. B. Sonnenblumenöl
30 g Butter oder Margarine
Salz
frisch gemahlener Pfeffer
1 EL gehackte Liebstöckelblätter
(ersatzweise 1 geh. Msp. getrockneter
Liebstöckel)
½ TL gemahlener Kümmel
100 ml Gemüsebrühe
je ½ kleine rote und gelbe
Paprikaschote
1–2 Stängel Petersilie

Außerdem:
Küchengarn oder Rouladennadeln

E: 14 g, F: 33 g, Kh: 12 g,
kJ: 1672, kcal: 400, BE: 0,0

Dauert länger

Wirsingroulade mit Gemüsefüllung

Zubereitungszeit: etwa 30 Minuten,
Garzeit: etwa 40 Minuten,
für 2 Personen.

Zubereitung:

1. Die Wirsingblätter in reichlich kochendem Wasser etwa 5 Minuten blanchieren, anschließend abtropfen lassen, evtl. trocken tupfen.

2. Zwiebel abziehen. Möhre putzen, schälen, abspülen und abtropfen lassen. Zwiebel, Möhre und Tofu in kleine Würfel schneiden. In einem Topf 1 Esslöffel Öl und 15 g Butter oder Margarine erhitzen. Zwiebel-, Möhren- und Tofuwürfel darin unter gelegentlichem Rühren kurz andünsten. Alles mit Salz, Pfeffer, Liebstöckel und Kümmel würzen. Den Backofen vorheizen.
Ober-/Unterhitze: etwa 180 °C
Heißluft: etwa 160 °C

3. Jeweils 2–3 Wirsingblätter je Roulade übereinander legen. Ein Viertel des angedünsteten Tofu-Gemüses daraufgeben, die Blätter seitlich einschlagen und zu Rouladen aufrollen. Die Rouladen mit Küchengarn verschnüren oder mit Rouladennadeln feststecken.

4. Restliches Öl in einem Bräter erhitzen. Die Rouladen darin von allen Seiten kurz anbraten. Brühe hinzugießen und den Bräter mit Deckel auf dem Rost in den vorgeheizten Backofen schieben. Die Rouladen **etwa 40 Minuten** garen.

5. In der Zwischenzeit Paprikahälften entstielen, entkernen und die weißen Scheidewände entfernen. Paprikahälften abspülen, abtropfen lassen und in kleine Würfel schneiden. Petersilie abspülen und trocken tupfen.

6. Etwa 10 Minuten vor Ende der Garzeit restliche Butter oder Margarine in einem kleinen Topf zerlassen. Paprikawürfel hinzufügen und kurz darin andünsten. Die Wirsingrouladen mit den Paprikawürfeln und der Petersilie garnieren.

Tipps:

Statt Tofu nehmen Sie Schafkäse – so werden die Gemüserouladen noch pikanter im Geschmack. Wenn Sie keinen Bräter haben, können Sie die Rouladen auch in einer Auflaufform garen. Braten Sie die Rouladen dann vorher rundherum in Öl an.

Noch ein Tipp:

Den übrig gebliebenen Wirsing – statt Chinakohl – für das Rezept „Asia-Pfanne" (S.46) verwenden.

Dazu passt:

Gemüse-Kartoffel-Brei (für 2 Personen). 300 g mehligkochende Kartoffeln schälen, abspülen, abtropfen lassen und in Stücke schneiden. Kartoffeln in einem geschlossenen Topf mit reichlich Wasser und etwas Salz zum Kochen bringen. Kartoffeln etwa 20 Minuten kochen und abgießen. Inzwischen 1 kleine Zwiebel abziehen und fein würfeln. 1 Möhre putzen, schälen, abspülen und abtropfen lassen. Möhre in Scheiben schneiden. 1 kleine Stange Porree (Lauch) putzen, die Stange längs halbieren, abspülen und abtropfen lassen. Porree in Scheiben schneiden. 15 g Butter in einem Topf zerlassen, die Möhren- und Porreescheiben kurz darin andünsten. Dann 50 ml heiße Gemüsebrühe hinzugießen und das Gemüse etwa 10 Minuten garen. Anschließend die Kartoffeln zum Gemüse geben und mit einem Kartoffelstampfer zerdrücken. 10 g Butter und 100 ml heiße Milch nach und nach mit einem Schneebesen unter die Gemüse-Kartoffel-Masse rühren. Brei mit Salz, Pfeffer und Muskatnuss würzen. Je 1 Esslöffel Crème fraîche und frisch gehackte Petersilie unterrühren.

Raffiniert

Champignon-frikadellen

Zubereitungszeit: etwa 35 Minuten,
ohne Abkühlzeit,
für 2 Personen.

Zubereitung:

1. Champignons putzen, mit Küchenpapier abreiben und fein würfeln.

2. Schalotten abziehen und fein würfeln. 1 Esslöffel Öl in einer großen Pfanne erhitzen und die Schalottenwürfel darin glasig dünsten. Die Pilze hinzufügen und unter gelegentlichem Rühren bei mittlerer Hitze solange mitdünsten, bis das Pilzwasser verdampft ist (etwa 5 Minuten). Pilze in eine Schüssel geben und etwas abkühlen lassen. Brötchen in kaltem Wasser einweichen.

3. Knoblauchzehe abziehen, fein hacken. Das Brötchen gut ausdrücken, mit dem Knoblauch und dem Ei zu den gedünsteten Champignons geben. Pilzmasse mit Salz, Pfeffer und Majoran würzen. Die Zutaten vermengen.

4. Semmelbrösel in einen tiefen Teller geben. Aus der Pilzmasse 6 flache Frikadellen formen und in den Semmelbröseln wenden.

5. Restliches Öl in der Pfanne erhitzen. Die Frikadellen hineinlegen und etwa 4 Minuten von jeder Seite bei mittlerer Hitze knusprig braten.

Tipp:

Am besten lassen sich die Champignonfrikadellen mit einem Pfannenwender in den Semmelbröseln wenden, da die Pilzmasse sehr weich ist.

Noch ein Tipp:

Zu den Champignonfrikadellen schmeckt auch ein **Kräuterdip**. Hierfür je 75 g Joghurt und Crème fraîche verrühren. 2 Esslöffel gehackte Kräuter (frisch oder TK-Ware, z. B. Schnittlauch, Petersilie) unterrühren. Alles mit Salz und Pfeffer abschmecken.

Dazu passt:

Kartoffelsalat (für 2 Personen). Hierfür 400 g festkochende Kartoffeln gründlich waschen, in einem Topf mit Wasser bedeckt zum Kochen bringen und mit Deckel bei mittlerer Hitze 20–25 Minuten gar kochen. Anschließend Kartoffeln abgießen, kurz mit kaltem Wasser abspülen und abtropfen lassen. Kartoffeln noch heiß pellen und etwas abkühlen lassen. Kartoffeln in Scheiben schneiden und in eine Schüssel geben. 1 Zwiebel abziehen und fein würfeln. 100 g Gewürzgurken abtropfen lassen, Gurkenflüssigkeit dabei auffangen. 2 hart gekochte Eier pellen und würfeln. Zwiebel-, Gurken- und Eierwürfel mit den Kartoffelscheiben vermengen. Für die Salatsauce 100 g Salatmayonnaise mit 2 Esslöffeln von der Gurkenflüssigkeit verrühren. Salatsauce mit Salz und Pfeffer abschmecken. Die vorbereiteten Salatzutaten mit der Salatsauce vermengen. Den Salat mindestens 30 Minuten mit Frischhaltefolie zugedeckt im Kühlschrank ziehen lassen. Salat vor dem Servieren nochmals mit Salz und Pfeffer abschmecken.

Variante:

Kartoffelfrikadellen (für 2 Personen). Hierfür 500 g mehligkochende Kartoffeln schälen, abspülen, abtropfen lassen und in Stücke schneiden. Kartoffelstücke in einem Topf mit Salzwasser knapp bedeckt zum Kochen bringen. Kartoffeln mit Deckel etwa 20 Minuten kochen. Inzwischen 25 g Kürbiskerne in einer Pfanne ohne Fett rösten, dann herausnehmen und auf einem Teller abkühlen lassen. Kürbiskerne hacken. 1 kleine Zwiebel und 1 Knoblauchzehe abziehen, beides fein würfeln. 1 Esslöffel Öl in einer Pfanne erhitzen. Zwiebel- und Knoblauchwürfel darin andünsten. 1 Esslöffel gehackte Petersilie mit den Kürbiskernen zu der Zwiebel-Knoblauch-Masse in die Pfanne geben. Kartoffeln abgießen, kurz abdämpfen und mit einem Kartoffelstampfer zerdrücken. Zwiebelmasse mit den zerdrückten Kartoffeln vermengen, mit Salz und Pfeffer kräftig würzen. Die Kartoffelmasse etwa 20 Minuten durchziehen lassen. Je 2 Esslöffel Weizenmehl und Semmelbrösel in jeweils einen tiefen Teller geben. 1 Ei in einem tiefen Teller mit einer Gabel verschlagen. Abgekühlte Kartoffelmasse zu kleinen Frikadellen formen und flach drücken. Kartoffelfrikadellen nacheinander in Mehl, Ei und Semmelbrösel wenden. 3 Esslöffel Öl in einer Pfanne erhitzen und die Frikadellen portionsweise bei mittlerer Hitze darin von jeder Seite 2–3 Minuten goldbraun braten.

Zutaten:

400 g Champignons
2 Schalotten
3–4 EL Speiseöl, z. B. Sonnenblumenöl
1 Brötchen (Semmel) vom Vortag
1 Knoblauchzehe
1 Ei (Größe M)
Salz
frisch gemahlener Pfeffer
½ TL gehackte Majoranblättchen
(ersatzweise 1 Msp. gerebelter Majoran)
3–4 EL Semmelbrösel

E: 17 g, F: 19 g, Kh: 36 g,
kJ: 1596, kcal: 381, BE: 3,0

Rote Linsen mit Paprika

Zubereitungszeit: etwa 25 Minuten, für 2 Personen.

Einfach – schnell

Zubereitung:

1. Zwiebel abziehen und fein würfeln. Knoblauchzehe abziehen und in Scheiben schneiden. Paprikaschote halbieren, entstielen, entkernen und die weißen Scheidewände entfernen. Schote abspülen, abtropfen lassen und in Streifen schneiden.

2. Öl in einem Topf erhitzen. Zwiebelwürfel und Knoblauchscheiben darin unter Rühren kurz andünsten. Paprikastreifen, Linsen und Thymian hinzufügen und darin kurz unter Rühren bei mittlerer Hitze andünsten. Brühe hinzugießen, einmal aufkochen lassen und mit Deckel bei schwacher Hitze etwa 10 Minuten köcheln lassen.

3. In der Zwischenzeit Frühlingszwiebeln putzen, abspülen, abtropfen lassen und in feine Scheiben schneiden. Die Frühlingszwiebelscheiben mit den Linsen verrühren und mit Deckel weitere etwa 3 Minuten garen. Anschließend alles mit Salz, Pfeffer, Cayennepfeffer, Zitronensaft und Honig oder Zucker würzen.

Kleine Warenkunde:

Linsen müssen, außer die roten und die gelben, vor dem Kochen evtl. eingeweicht werden (Packungsanleitung beachten). Sie werden meist zu Suppen (siehe „Gelbe Linsensuppe" S.12) oder als Beilage oder Salat serviert.

Zutaten:

1 Zwiebel
1 Knoblauchzehe
1 rote Paprikaschote
1 EL Olivenöl
125 g getrocknete, rote Linsen
½ TL gerebelter Thymian
200 ml Gemüsebrühe
½ Bund Frühlingszwiebeln
Salz
frisch gemahlener Pfeffer
1 Msp. Cayennepfeffer
1 EL frisch gepresster Zitronensaft
½ TL Honig oder 1–2 Prisen Zucker

E: 18 g, F: 7 g, Kh: 44 g,
kJ: 1304, kcal: 312, BE: 3,0

Dazu passen:

Gemischte Blattsalate.

Tipp:

Rote Linsen enthalten, wie alle Hülsenfrüchte, biologisch hochwertiges pflanzliches Eiweiß. Unser Körper kann nicht alle Eiweiße selbst herstellen und ist daher auf tierisches und pflanzliches Eiweiß aus der Nahrung angewiesen.

Variante:

Currylinsen mit Bananen (für 2 Personen). Hierfür 1 Zwiebel und 1 Knoblauchzehe abziehen. Zwiebel fein würfeln. Knoblauchzehe durch eine Knoblauchpresse drücken. 1 kleinen säuerlichen Apfel schälen, vierteln und das Kerngehäuse entfernen. Apfel grob raspeln. 1½ Esslöffel Speiseöl in einem Topf erhitzen und die vorbereiteten Zutaten darin kurz andünsten. 125 g rote Linsen, 1 Messerspitze gemahlenen Koriander, ½ Esslöffel Currypulver, Salz und Cayennepfeffer hinzugeben, alles unter Rühren darin andünsten. 200 ml Gemüsebrühe unterrühren und aufkochen lassen. Das Ganze bei schwacher Hitze zugedeckt 12–15 Minuten nach Packungsanleitung köcheln lassen, bis die Flüssigkeit verdampft und die Linsen weich sind. 1 Banane schälen und in Scheiben schneiden. Bananenscheiben 2–3 Minuten vor Garzeitende unter die Linsen mengen und kurz miterhitzen. Dazu einen Dip servieren. Hierfür 125 g saure Sahne mit Salz, 1 Prise Zucker, Pfeffer und 1 Esslöffel Schnittlauchröllchen verrühren und dazureichen.

Noch ein Tipp:

Die Currylinsen mit dem Saure-Sahne-Dip zu gekochten Vollkornnudeln servieren. Pro Person rechnet man 80–100 g rohe Nudeln. Als „Sauce“ zu Nudeln das Rezept für zwei Personen halbieren.

Gefüllte Kartoffelplätzchen

Zubereitungszeit: etwa 45 Minuten, ohne Abkühlzeit (ergibt 8 Plätzchen), für 2 Personen.

Zutaten:

Für die Kartoffelplätzchen:
600 g mehligkochende Kartoffeln
Salz
½ Zwiebel
frisch gemahlener Pfeffer
frisch geriebene Muskatnuss

Für die Füllung:
1 Knoblauchzehe
60 g getrocknete Tomaten, in Öl eingelegt
½ Bund glatte Petersilie
30 g geraspelter Emmentaler-Käse
4 EL Olivenöl

E: 12 g, F: 27 g, Kh: 44 g,
kJ: 1994, kcal: 476, BE: 3,5

Zubereitung:

1. Für die Kartoffelplätzchen Kartoffeln schälen, abspülen, mit Salz in einem großen Topf mit Wasser bedeckt zum Kochen bringen. Kartoffeln mit Deckel etwa 10 Minuten kochen. Dann abgießen, etwas abkühlen lassen und auf der Haushaltsreibe grob raspeln.

2. Zwiebel abziehen und fein würfeln. Zwiebelwürfel mit den geraspelten Kartoffeln vermengen. Kartoffelmasse mit Salz, Pfeffer und Muskat würzen.

3. Für die Füllung Knoblauchzehe abziehen und durch eine Knoblauchpresse drücken. Tomaten in einem Sieb abtropfen lassen und in kleine Würfel schneiden.

4. Petersilie abspülen, trocken tupfen und die Blättchen von den Stängeln zupfen. Blättchen fein hacken. Petersilie, Knoblauch und Tomatenwürfel mit dem Emmentaler vermengen.

5. Aus dem Kartoffelteig eine Rolle formen und die Rolle in 16 gleich große Stücke teilen. Die einzelnen Stücke etwas flach drücken. 1 Teigplatte mit 2 Teelöffeln von der Füllung belegen, eine zweite Platte darauflegen und diese etwas andrücken. Die gefüllten Teigplatten zu runden Plätzchen formen.

6. Olivenöl in einer großen Pfanne erhitzen. Die Kartoffelplätzchen darin von jeder Seite 5–6 Minuten knusprig braun braten.

Dazu passen:

Erbsen in Parmesansauce (für 2 Personen). Hierfür ½ Zwiebel und 1 Knoblauchzehe abziehen, beides fein würfeln. Zwiebel- und Knoblauchwürfel in ½ Esslöffel zerlassener Butter glasig dünsten. Dann 300 g TK-Erbsen hinzugeben, kurz mitdünsten. 125 g Schlagsahne hinzugießen, aufkochen lassen, mit Salz und Pfeffer würzen. Erbsen zugedeckt bei schwacher Hitze etwa 10 Minuten garen, dabei ab und zu umrühren. Zum Schluss 50 g geriebenen Parmesan-Käse unterrühren.

Tipp:

Statt der Tomaten- eine Kräuterfüllung hineingeben. Hierfür je 1 Bund Petersilie und Schnittlauch abspülen, trocken tupfen. Die Blättchen von den Petersilienstängeln zupfen und Blättchen fein hacken. Schnittlauch in feine Röllchen schneiden. Kräuter mit Knoblauch und Käse vermengen, die Kartoffelplätzchen wie im Rezept beschrieben füllen und braten.

Tipps:

Den Gemüsetopf zusätzlich mit Cashewkernen und Sesamsamen bestreuen. Er lässt sich auch mit anderen Gemüsesorten wie Kohlrabi, Paprikaschote, Möhren, Knollensellerie, TK-Bohnen oder TK-Erbsen zubereiten.

Noch ein Tipp:

Wenn Sie den Gemüsetopf für mehrere Personen zubereiten, das Gemüse portionsweise andünsten.

Zutaten:

250 g möglichst kleine, festkochende Kartoffeln
Salz
125 g kleine, möglichst weiße Champignons
100 g kleine Schalotten (ersatzweise kleine Zwiebeln)
200 g Zucchini
125 g Cocktailtomaten
150 g Staudensellerie
2 EL Speiseöl, z. B. Sonnenblumenöl
frisch gemahlener Pfeffer
1 EL brauner Zucker (ersatzweise weißer Zucker)
250 ml (¼ l) Gemüsebrühe
1 EL Balsamico-Essig
½ EL Sojasauce
½ Bund glatte Petersilie

E: 9 g, F: 11 g, Kh: 32 g,
kJ: 1127, kcal: 269, BE: 2,0

Kartoffel-Gemüsetopf

Preiswert

Zubereitungszeit: etwa 60 Minuten, ohne Abkühlzeit, für 2 Personen.

Zubereitung:

1. Kartoffeln unter fließendem kalten Wasser gründlich abbürsten. Kartoffeln und Salz mit Wasser bedeckt in einem Topf mit Deckel zum Kochen bringen und etwa 15 Minuten kochen lassen (die Kartoffeln sollen noch Biss haben). Kartoffeln abgießen und etwas abkühlen lassen.

2. Champignons putzen, mit Küchenpapier abreiben. Schalotten oder Zwiebeln abziehen.

3. Zucchini abspülen, abtropfen lassen und die Enden abschneiden. Zucchini in feine Würfel schneiden. Cocktailtomaten abspülen, abtropfen lassen und halbieren.

4. Staudensellerie putzen und die harten Außenfäden abziehen. Sellerie abspülen, abtropfen lassen und in Stücke schneiden.

5. Wasser in einem Topf mit Deckel zum Kochen bringen. Schalotten und Salz (auf 1 l Wasser 1 TL Salz) hinzugeben, wieder zum Kochen bringen und etwa 5 Minuten schwach kochen lassen. Schalotten mit einer Schaumkelle herausnehmen. Schalotten in ein Sieb geben, mit kaltem Wasser übergießen und auf Küchenpapier abtropfen lassen.

6. Öl in einer großen Pfanne erhitzen und die Schalotten darin andünsten. Dann Kartoffeln, Pilze, Zucchiniwürfel und Selleriestücke hinzugeben. Gemüse 2–3 Minuten unter Rühren dünsten. Tomatenhälften hinzugeben, mit Salz und Pfeffer würzen. Zucker darüberstreuen und unter Rühren karamellisieren lassen. Brühe mit Essig und Sojasauce hinzugießen, verrühren.

7. Gemüsetopf zum Kochen bringen und mit Deckel bei mittlerer Hitze etwa 10 Minuten dünsten.

8. In der Zwischenzeit Petersilie abspülen und trocken tupfen. Die Blättchen von den Stängeln zupfen. Blättchen in feine Streifen schneiden. Den Gemüsetopf nach Belieben mit Salz, Pfeffer, Essig und Sojasauce abschmecken. Gemüsetopf mit Petersilie bestreut servieren.

Variante:

Buntes Gemüse mit Tofu (für 2 Personen). 100 g Tofu in dicke Scheiben schneiden und in eine flache Schale geben. Tofuscheiben mit 1 Esslöffel Sojasauce beträufeln und mit Frischhaltefolie zugedeckt etwa 30 Minuten ziehen lassen. In der Zwischenzeit 1 Frühlingszwiebel putzen, abspülen, abtropfen lassen und in Scheiben schneiden. Von je 100 g Brokkoli und Blumenkohl die Blätter und schlechten Stellen entfernen. Brokkoli und Blumenkohl in kleine Röschen teilen, gründlich abspülen und abtropfen lassen. 1 kleine Möhre putzen, schälen, abspülen und abtropfen lassen. Möhre in Scheiben schneiden. Von 100 g Zuckerschoten die Enden abschneiden und evtl. abfädeln. Zuckerschoten abspülen, abtropfen lassen und quer halbieren. 50 g Bambussprossen (aus der Dose) in einem Sieb abtropfen lassen. Tofu aus der Marinade nehmen, etwas trocken tupfen und mit ½–1 Esslöffel Sesamsamen bestreuen. 2 Esslöffel Speiseöl in einer Pfanne erhitzen. Tofuscheiben von beiden Seiten darin anbraten, dann herausnehmen und beiseitestellen. 1 Knoblauchzehe abziehen und durch eine Knoblauchpresse in die Pfanne zum restlichen Bratfett drücken. Das vorbereitete Gemüse hinzugeben, mit Salz und Pfeffer würzen. Gemüse mit Deckel etwa 15 Minuten garen, dabei häufig umrühren. Evtl. etwas Wasser hinzugeben. Dann den beiseitegestellten Tofu zum Gemüse geben und nochmals kurz erwärmen.

Einfach zuzubereiten
Kokosmilch-Pilaw

Zubereitungszeit: etwa 40 Minuten,
ohne Abkühlzeit,
für 2 Personen.

Zubereitung:

1. Zwiebel abziehen und fein würfeln. Staudensellerie putzen und die harten Außenfäden abziehen. Sellerie abspülen, abtropfen lassen und in Scheiben schneiden. Paprikaschote halbieren, entstielen, entkernen und die weißen Scheidewände entfernen. Schote abspülen, abtropfen lassen und in Streifen schneiden.

2. Cashewkerne grob hacken. Zitrone heiß abwaschen, abtrocknen und einen dünnen Streifen von der Schale abschneiden. Zitrone halbieren, den Saft auspressen und den Saft beiseitestellen.

3. Butter in einem Topf zerlassen. Zwiebelwürfel und Langkornreis zufügen und darin unter Rühren glasig dünsten. Selleriescheiben, Paprikastreifen, Nüsse und TK-Erbsen zugeben, kurz mitdünsten. Gemüse mit Salz und Pfeffer würzen. Die Kokosmilch hinzugießen und die Zitronenschale zugeben. Alles aufkochen lassen und den Reis mit Deckel nach Packungsanleitung bei schwacher Hitze etwa 15 Minuten gar ziehen lassen.

4. Inzwischen die Kokosraspel in einer Pfanne ohne Fett goldbraun rösten, dann auf einem Teller abkühlen lassen.

5. Die Zitronenschale aus dem Pilaw entfernen. Den Pilaw mit dem beiseitegestellten Zitronensaft (etwa 3 Esslöffel) und der Petersilie vermengen. Das Pilaw mit Salz und Pfeffer kräftig abschmecken. Kokospilaw mit den gerösteten Kokosraspeln bestreuen.

Kleine Warenkunde:

Pilaw kommt ursprünglich aus dem Orient und heißt übersetzt Reisgericht. Es wird entweder mit Gemüse, Fisch, Geflügel oder Fleisch zubereitet und kräftig gewürzt.

Tipps:

Statt TK-Erbsen können Sie auch 100 g frisch gepalte Erbsen verwenden. Beim Einkauf müssen Sie dafür etwa 300 g ungepalte Erbsen (mit Hülsen, auch Erbsenschoten genannt) einplanen. Für das Rezept die Erbsen palen, abspülen und abtropfen lassen. Die frischen Erbsen mit dem Gemüse zum Reis geben, kurz andünsten und weiter wie im Rezept beschrieben verarbeiten. Kokosmilch hält sich angebrochen im Kühlschrank etwa 4 Tage.

Noch ein Tipp:

Wer Kokosmilch nicht mag, kann das Pilaw auch mit Gemüsebrühe zubereiten. Den Reis und das Gemüse dann in 200 ml Brühe garen.

Variante:

Wer mag, bereitet aus der übrigen Kokosmilch in den nächsten Tagen ein **Möhren-Mais-Pilaw mit Paprika** (für 2 Personen) zu. Hierfür 1 Möhre (etwa 125 g) putzen, schälen, waschen und abtropfen lassen. Möhre der Länge nach halbieren und in Scheiben schneiden. 1 grüne Paprikaschote halbieren, entstielen, entkernen und die weißen Scheidewände entfernen. Schote waschen, abtropfen lassen und in Streifen schneiden. 1 kleine Dose Gemüsemais (Abtropfgewicht 140 g) in einem Sieb abtropfen lassen. Das Gemüse zum angedünsteten Reis in den Topf geben und alles weiter wie im Rezept beschrieben zubereiten.

Zutaten:

1 kleine Zwiebel
150 g Staudensellerie
1 gelbe Paprikaschote
1 EL Cashewkerne
1 Bio-Zitrone (unbehandelt, ungewachst)
1 EL Butter
100 g Langkornreis
100 g TK-Erbsen
Salz
frisch gemahlener Pfeffer
½ Dose ungesüßte Kokosmilch (200 ml)
1 EL Kokosraspel
1 EL frisch gehackte Petersilie

E: 12 g, F: 34 g, Kh: 57 g,
kJ: 2465, kcal: 592, BE: 4,5

Etwas aufwendiger

Zutaten:

125 g getrocknete Kichererbsen

150 ml Gemüsebrühe
1 kleine Gemüsezwiebel
1–2 Knoblauchzehen
½ Bund Petersilie
Salz
frisch gemahlener Pfeffer
gemahlener Kümmel
gemahlener Koriander
Paprikapulver edelsüß
½ EL gehackte Minze
20 g Speisestärke
1 Ei (Größe S)
etwa 1 l Speiseöl zum Frittieren,
z. B. Sonnenblumenöl

E: 16 g, F: 32 g, Kh: 44 g,
kJ: 2204, kcal: 526, BE: 3,0

Falafel (Kichererbsen-bällchen)

Zubereitungszeit: etwa 60 Minuten, für 2 Personen.

Zubereitung:

1. Kichererbsen am Vorabend in eine Schüssel geben, mit Wasser bedecken und über Nacht quellen lassen.

2. Am nächsten Tag die gequollenen Kichererbsen in einem Sieb abgießen und etwas abtropfen lassen. Anschließend die Kichererbsen mit Brühe in einen Topf geben, aufkochen lassen und mit Deckel bei mittlerer Hitze etwa 25 Minuten garen. Dann in ein Sieb geben und abtropfen lassen.

3. Inzwischen Gemüsezwiebel und Knoblauchzehen abziehen, beides grob würfeln. Petersilie abspülen, trocken tupfen und die Blättchen von den Stängeln zupfen. Abgetropfte Kichererbsen, Zwiebel-, Knoblauchwürfel und Petersilienblättchen fein pürieren.

4. Die Masse mit Salz, Pfeffer, Kümmel, Koriander, Paprikapulver und Minze pikant abschmecken. Speisestärke und Ei zufügen, nochmals kurz pürieren.

5. Mit den Händen etwa 18 gleich große Bällchen aus der Kichererbsenmasse formen. Öl in einem hohen Topf erhitzen. Das Öl hat dann die richtige Temperatur erreicht, wenn sich an einem ins Fett gehaltenen Holzlöffel kleine Bläschen bilden. Die Kichererbsenbällchen portionsweise 2–3 Minuten in dem Öl goldbraun frittieren, dabei evtl. wenden. Anschließend mit einer Schaumkelle herausnehmen, auf Küchenpapier abtropfen lassen und warm stellen.

Tipp:

Zu den frittierten Kichererbsenbällchen schmeckt ein Kräuterdip, Kräuterquark oder Tsatsiki, diese gibt es fertig zu kaufen (im Kühlregal).

Variante:

Falafel-Tasche (Foto, für 2 Personen, ergibt 4 Taschen). Hierfür die Kichererbsenmasse wie im Rezept beschrieben zubereiten. Statt der kleinen Bällchen 4 flache Frikadellen formen. 1½ Esslöffel Speiseöl in einer großen Pfanne erhitzen und die Frikadellen bei mittlerer Hitze je Seite etwa 3 Minuten goldbraun braten. Frikadellen herausnehmen und abkühlen lassen. 4 Pita-Taschen aus Weizenmehl (Fertigprodukt) nach Packungsanleitung rösten, kurz abkühlen lassen und in der Mitte aufschneiden. Pita-Taschen mit 4 Esslöffeln Kräuterquark oder Tsatsiki (aus dem Kühlregal), 4 vorbereiteten Salatblättern, Kichererbsenfrikadellen und 2 vorbereiteten, in Scheiben geschnittenen Tomaten füllen.

Dazu passt:

Champignon-Zucchini-Salat (für 2 Personen). Hierfür 200 g Champignons putzen, mit Küchenpapier abreiben und in sehr dünne Scheiben schneiden. 1 kleine Zucchini abspülen, abtropfen lassen, die Enden abschneiden. Zucchini in dünne Scheiben schneiden. 1 Knoblauchzehe abziehen und durch eine Knoblauchpresse drücken. Für die Sauce den Saft von 1 Zitrone, mit ½ Teelöffel Zucker, 1 Teelöffel mittelscharfem Senf und Pfeffer verrühren. Nach und nach 100 g Schlagsahne unterschlagen und die Sauce mit Salz abschmecken. Etwa 15 Basilikumblättchen abspülen, trocken tupfen und die Hälfte der Blättchen in Streifen schneiden. Champignon-, Zucchinischeiben, Knoblauch und Basilikumstreifen mit der Sauce vermengen. Den Champignon-Zucchini-Salat mit den restlichen Basilikumblättchen garnieren.

Lecker – leicht

Asia-Pfanne

Zubereitungszeit: etwa 25 Minuten, ohne Abkühlzeit, für 2 Personen.

Zubereitung:

1. Sesamsamen in einem Wok oder in einer beschichteten Pfanne ohne Fett goldbraun rösten und auf einem Teller erkalten lassen. Ananasstücke und Maiskölbchen jeweils in einem Sieb abtropfen lassen. Ananasflüssigkeit dabei auffangen.

2. Von den Zuckerschoten die Enden abschneiden, die Schoten evtl. abfädeln, abspülen und abtropfen lassen. Große Zuckerschoten schräg halbieren. Von dem Chinakohl die äußeren welken Blätter entfernen, den Strunk herausschneiden. Chinakohl in Streifen schneiden, abspülen und gut abtropfen lassen. Paprikaschote halbieren, entstielen, entkernen und die weißen Scheidewände entfernen. Schote abspülen, abtropfen lassen und in grobe Würfel schneiden.

3. Öl in einem Wok oder in einer beschichteten Pfanne erhitzen. Zuckerschoten, Chinakohlstreifen und Paprikastücke darin unter gelegentlichem Wenden bei starker Hitze 5–8 Minuten braten.

4. In der Zwischenzeit Ingwerwurzel schälen, auf einer Küchenreibe fein reiben oder fein hacken. Mit 4 Esslöffeln von dem aufgefangenen Ananassaft und der Speisestärke verrühren.

5. Ananasstücke und Maiskölbchen mit dem Gemüse vermengen. Das Gemüse mit 5-Gewürz-Pulver, Salz und Pfeffer würzen. Angerührte Speisestärke hinzugeben, verrühren und alles bei großer Hitze unter Rühren kurz aufkochen lassen. Gemüse nochmals abschmecken, mit Sesam bestreuen und sofort servieren.

Dazu passt:

Naturreis (für 2 Personen). Hierfür 250 ml (¼ l) Wasser mit 80–100 g Naturreis und etwas Salz in einem geschlossenen Topf zum Kochen bringen. Den Reis bei schwacher Hitze 20–25 Minuten bissfest garen (Packungsanleitung beachten). Gegarten Reis in einem Sieb abtropfen lassen und zu der Asia-Pfanne servieren.

Variante:

Für eine **Asia-Pfanne mit Möhren und Sprossen** (für 2 Personen) statt des halben Chinakohls 100 g frische Sojabohnenkeimlinge (ersatzweise aus dem Glas) und 1 Möhre verwenden. Die Menge der Ananasstücke und Maiskolben verdoppeln. Die Sojabohnenkeimlinge in ein Sieb geben, kurz abspülen und gut abtropfen lassen, evtl. trocken tupfen (Sojasprossen aus dem Glas gut abtropfen lassen). Möhre putzen, schälen, abspülen und abtropfen lassen. Möhre längs halbieren und in Scheiben schneiden. Die Asia-Pfanne weiter wie im Rezept beschrieben zubereiten.

Tipps:

Der übrig gebliebene Chinakohl hält sich für einige Tage im Kühlschrank frisch. Servieren Sie aus den Resten das Chinakohl-Gratin (S. 51) oder bereiten den Eisberg-Camembert-Salat (S. 52) mit Chinakohl zu. Frischer Ingwer lässt sich auch gut durch eine Knoblauchpresse drücken.

Zutaten:

1 EL Sesamsamen
½ Dose Ananasstücke (Abtropfgewicht 350 g)
½ Glas Mini-Maiskolben (Abtropfgewicht 170 g)
75 g Zuckerschoten
½ Kopf Chinakohl
1 kleine rote Paprikaschote
1 EL Speiseöl, z. B. Sonnenblumenöl
1 walnussgroßes Stück Ingwerwurzel
1 gestr. TL Speisestärke
1 Msp. 5-Gewürz-Pulver
Salz
frisch gemahlener Pfeffer

E: 6 g, F: 10 g, Kh: 36 g,
kJ: 1115, kcal: 267, BE: 2,5

Zutaten:

1 kleine Aubergine
1–2 EL Sojasauce
2–3 Zwiebeln
1½ EL Olivenöl
3–4 Tomaten
2 Scheiben Weizenmischbrot (ersatzweise 3 Scheiben Vollkorn-Toastbrot)
100 g geriebener Emmentaler-Käse

1 Becher (200 g) saure Sahne
1 Knoblauchzehe
etwa 6 frische Salbeiblätter (ersatzweise 1 Msp. gerebelter Salbei)
2–3 Stängel Thymian (ersatzweise 1 Msp. gerebelter Thymian)
frisch gemahlener Pfeffer

E: 26 g, F: 34 g, Kh: 39 g,
kJ: 2377, kcal: 568, BE: 2,5

Auberginen-Tomaten-Auflauf

Zubereitungszeit: etwa 30 Minuten, ohne Marinierzeit, Garzeit: etwa 40 Minuten, für 2 Personen.

Macht richtig satt

Zubereitung:

1. Aubergine abspülen, abtropfen lassen und das Ende abschneiden. Aubergine in Scheiben schneiden, auf einen Teller geben und mit Sojasauce beträufeln. Auberginenscheiben etwa 20 Minuten marinieren, dabei gelegentlich wenden.

2. Inzwischen Zwiebeln abziehen, erst in Scheiben schneiden, dann in Ringe teilen. 1 Esslöffel Olivenöl in einer Pfanne erhitzen und die Zwiebelringe darin andünsten.

3. Den Backofen vorheizen.
Ober-/Unterhitze: 180–200 °C
Heißluft: 160–180 °C

4. Tomaten abspülen, abtropfen lassen und die Stängelansätze herausschneiden. Tomaten in Scheiben schneiden.

5. Brot rösten und in eine mit dem restlichen Öl ausgestrichene, kleine Auflaufform legen. Evtl. das Brot in Größe der Form zurechtschneiden. Brot mit der Hälfte des Emmentalers bestreuen.

6. Saure Sahne in eine Schüssel geben. Knoblauchzehe abziehen, durch eine Knoblauchpresse drücken und hinzufügen.

7. Salbeiblätter abspülen, trocken tupfen und fein hacken. Thymianstängel abspülen, trocken tupfen, die Blättchen von den Stängeln zupfen und Blättchen fein hacken. Die Kräuter zur sauren Sahne geben und verrühren. Die Kräutermasse mit Pfeffer abschmecken.

8. Die Auberginenscheiben aus der Sojasauce nehmen, abtropfen lassen und in die Kräutermasse tauchen. Auberginenscheiben abwechselnd mit den Zwiebelringen und Tomatenscheiben in die Auflaufform schichten.

9. Zum Schluss restliche Kräutermasse über die Zutaten geben und den Auflauf mit dem restlichen Käse bestreuen. Die Form auf dem Rost in den vorgeheizten Backofen schieben und den Auflauf **etwa 40 Minuten** garen.

Tipps:

Nach Belieben die Brotscheiben entrinden und dann den Boden der Auflaufform damit belegen. Wenn Sie es herzhaft mögen, ersetzen Sie den Emmentaler-Käse durch die gleiche Menge Allgäuer Bergkäse.

Dazu passt:

Ein **gemischter Blattsalat**. Hierfür 375 g gemischte Blattsalate (z. B. Lollo Bionda, Feldsalat, Frisée, Rucola) putzen, waschen, gut abtropfen lassen oder trocken schleudern und in mundgerechte Stücke zupfen. Von 1 kleinem Chicorée die äußeren, welken Blätter entfernen. Chicorée längs halbieren, abspülen, abtropfen lassen und den bitteren Strunk keilförmig herausschneiden. Chicorée in breite Streifen schneiden, mit den Blattsalaten vermengen. Für die Sauce ½ kleine Zwiebel abziehen, fein würfeln. 1–1½ Esslöffel Kräuteressig mit etwas Salz, 1 Prise Zucker und einigen grünen, getrockneten, zerstoßenen Pfefferkörnern verrühren. 3 Esslöffel Olivenöl unterschlagen. Zwiebelwürfel und ½ –1 Esslöffel gehackte Kräuter (z. B. Petersilie, Schnittlauch, Kerbel) unterrühren. Salatzutaten mit der Sauce vermengen und servieren.

Zutaten:

1 Dose Gemüsemais
(Abtropfgewicht 285 g)
je 1 kleine rote und grüne Paprikaschote
1 kleine Stange Porree (Lauch)
3 Eier (Größe M)
Salz
frisch gemahlener Pfeffer
frisch geriebene Muskatnuss
1 TL grob zerstoßene Koriandersamen
(ersatzweise 2 Msp. gemahlener Koriander)
2½ EL Maisgrieß (Polenta)
40–50 g geriebener Pecorino-Käse
(ersatzweise Parmesan-Käse)

E: 26 g, F: 22 g, Kh: 38 g,
kJ: 1925, kcal: 460, BE: 3,0

Maisgratin

Preiswert

Zubereitungszeit: etwa 20 Minuten,
Garzeit: etwa 40 Minuten, für 2 Personen.

Zubereitung:

1. Mais in einem Sieb abtropfen lassen.

2. Paprikaschoten halbieren, entstielen, entkernen und die weißen Scheidewände entfernen. Schoten abspülen, abtropfen lassen und in Würfel schneiden. Porree putzen, die Stange längs halbieren, gründlich abspülen, abtropfen lassen und in etwa 1 cm lange Stücke schneiden.

3. Den Backofen vorheizen.
Ober-/Unterhitze: etwa 180 °C
Heißluft: etwa 160 °C

4. Eier verschlagen, mit Salz, Pfeffer, Muskat und Koriander würzen. Maisgrieß mit den verschlagenen Eiern verrühren.

5. Abgetropften Mais mit Paprikawürfeln und Porreestücken vermengen. Vorbereitetes Gemüse in eine kleine Auflaufform (gefettet) geben. Eier-Grieß-Masse darübergießen und mit Pecorino bestreuen. Die Form auf dem Rost in den vorgeheizten Backofen schieben und das Gratin etwa **40 Minuten** garen.

Tipp:

Nach Belieben die Tomatensauce fein pürieren. Die Sauce kann mit 1–1½ Esslöffeln Crème fraîche oder 1–2 Messerspitzen getrockneten italienischen Kräutern (Basilikum,Oregano) statt der Basilikumstreifen verfeinert werden.

Dazu passt:

Tomatensauce mit Basilikum (für 2 Personen). Hierfür 1–2 Knoblauchzehen abziehen und durch eine Knoblauchpresse drücken. 1 Esslöffel Olivenöl in einem Topf erhitzen und den Knoblauch kurz darin andünsten. 1 kleine Dose stückige Tomaten (Einwaage 400 g) hinzugeben. Alles mit Deckel bei mittlerer Hitze etwa 10 Minuten zu einer dicklichen Sauce einkochen lassen, dabei gelegentlich umrühren. Sauce mit Salz, Pfeffer und 1 Prise Zucker abschmecken. 2–3 Stängel Basilikum abspülen, trocken tupfen und die Blättchen von den Stängeln zupfen. Basilikumblättchen in feine Streifen schneiden und unter die Tomatensauce rühren.

Variante:

Chinakohl-Gratin (für 2 Personen). Hierfür von 1 Kopf Chinakohl die äußeren welken Blätter entfernen. Den Kohl vierteln, den Strunk herausschneiden. Chinakohl abspülen und abtropfen lassen. Den Backofen vorheizen (Ober-/Unterhitze: etwa 200 °C, Heißluft: etwa 180 °C). Chinakohl in kochendes Salzwasser geben, etwa 6 Minuten kochen lassen, anschließend abgießen und gut abtropfen lassen. Chinakohl in eine gefettete Auflaufform legen. 125 g Champignons putzen, mit Küchenpapier abreiben und in Scheiben schneiden. Champignonscheiben auf dem Chinakohl verteilen. Chinakohl mit Salz und Pfeffer bestreuen. ½ Becher (75 g) Crème fraîche mit 75 g Joghurt verrühren. 1 Ei (Größe M) unterschlagen. Eierguss mit Salz, Pfeffer, Muskatnuss und Currypulver würzen. Eierguss über dem Gemüse verteilen. Gratin mit 50 g geriebenem Käse (z. B. Allgäuer Bergkäse) bestreuen. Die Form auf dem Rost in den vorgeheizten Backofen schieben und das Gratin etwa 30 Minuten garen.

Reis-Gemüse-Auflauf

Zubereitungszeit: etwa 25 Minuten,
Garzeit: etwa 25 Minuten,
für 2 Personen.

Raffiniert

Zubereitung:

1. Öl in einem Topf erhitzen, Reis hinzugeben, unter Rühren glasig dünsten. Curry darüberstreuen und kurz mitdünsten. Brühe zugießen, zum Kochen bringen und den Reis mit Deckel 10–12 Minuten nach Packungsanleitung bei schwacher Hitze ausquellen lassen.

2. Den Backofen vorheizen.
Ober-/Unterhitze: 180–200 °C
Heißluft: 160–180 °C

3. Inzwischen Möhren putzen, schälen, abspülen und abtropfen lassen. Möhren in kleine Würfel schneiden.

4. Butter oder Margarine in einem Topf zerlassen. Die Möhrenwürfel darin 2–3 Minuten dünsten. Erbsen unterheben und 2–3 Minuten mitdünsten. Das Gemüse mit Salz, Pfeffer und Zucker würzen.

5. Ei mit Sahne verschlagen, mit Salz, Pfeffer und Muskat würzen. Gouda fein reiben und mit der Eiersahne verrühren.

6. Reis mit dem Gemüse vermengen und in eine flache Auflaufform (gefettet) geben. Die Eier-Käse-Sahne über die Zutaten in die Form gießen. Die Form auf dem Rost in den vorgeheizten Backofen schieben und den Auflauf etwa **25 Minuten** garen.

Tipps:

Für Gäste lässt sich das Rezept leicht verdoppeln.
Wenn Sie statt Basmati-Reis Langkornreis verwenden, verlängert sich die Garzeit für den Reis ein wenig.
Bitte beachten Sie die Packungsanleitung.

Dazu passt:

Eisberg-Camembert-Salat mit Joghurt-Senf-Dressing
(für 2 Personen). Hierfür 1 Esslöffel gehackte Haselnusskerne in einer Pfanne ohne Fett rösten und anschließend auf einem Teller erkalten lassen. Für die Sauce 75 g Joghurt (3,5 % Fett) mit 1 Esslöffel frisch gepresstem Zitronensaft und ½–1 Teelöffel mildem Senf verrühren. ½–1 Esslöffel Nussöl (z. B. Walnussöl) unterschlagen. Joghurt-Sauce mit Salz und Pfeffer abschmecken. Für den Salat von ½ Kopf Eisbergsalat die äußeren welken Blätter entfernen. Eisbergsalat je nach Größe halbieren oder vierteln, in mundgerechte Stücke schneiden, abspülen und trocken tupfen oder schleudern. 1 mittelgroße Möhre putzen, schälen, abspülen und abtropfen lassen. Möhre in feine Streifen schneiden oder grob raspeln. 4 Champignons putzen, mit Küchenpapier abreiben und in Scheiben schneiden. 150 g Camembert-Käse halbieren und in Scheiben schneiden. ½ Kästchen Kresse abspülen, trocken tupfen und abschneiden. Eisbergsalat vorsichtig mit Möhren, Champignons und Käse vermengen. Das Joghurt-Senf-Dressing darüber verteilen und den Salat mit den Haselnusskernen und der Kresse bestreut servieren.

Zutaten:

1 EL Speiseöl, z. B. Sonnenblumenöl
125 g Basmati-Reis (ersatzweise Langkornreis)
1 EL Currypulver
250 ml (¼ l) Gemüsebrühe
150 g Möhren
20 g Butter oder Margarine
150 g TK-Erbsen
Salz
frisch gemahlener Pfeffer
1 Prise Zucker
1 Ei (Größe M)
100 g Schlagsahne
frisch geriebene Muskatnuss
75 g mittelalter Gouda-Käse

E: 25 g, F: 47 g, Kh: 67 g,
kJ: 3331, kcal: 796, BE: 5,5

Champignon-Zucchini-Auflauf

Einfach

Zubereitungszeit: etwa 20 Minuten, ohne Abkühlzeit, Garzeit: etwa 45 Minuten, für 2 Personen.

Dazu passt:

Kichererbsensalat (für 2 Personen). Hierfür 1 Dose Kichererbsen (Abtropfgewicht 265 g) in ein Sieb geben, kalt abspülen und gut abtropfen lassen. 3 Frühlingszwiebeln putzen, abspülen, abtropfen lassen und in feine Scheiben schneiden. 2 Fleischtomaten abspülen, abtropfen lassen, halbieren und die Stängelansätze herausschneiden. Tomaten würfeln. Für die Sauce 1 Knoblauchzehe abziehen, durch eine Knoblauchpresse drücken, mit 1 Teelöffel mittelscharfem Senf, 1 Prise Zucker, Salz, Pfeffer und 1–1½ Esslöffeln Weißweinessig verrühren. Dann 2–3 Esslöffel Rapsöl unterschlagen. Kichererbsen, Frühlingszwiebelscheiben und Tomatenwürfel mit der Sauce vermengen. ½ Bund glatte Petersilie abspülen, trocken tupfen und die Blättchen von den Stängeln zupfen. Blättchen fein hacken und unter den Kichererbsensalat mischen.

Zubereitung:

1. Zucchini abspülen, abtropfen lassen und die Enden abschneiden. Zucchini in Scheiben schneiden. Paprikaschote halbieren, entstielen, entkernen und die weißen Scheidewände entfernen. Schote abspülen, abtropfen lassen und in dünne Streifen schneiden.

2. Den Backofen vorheizen.
Ober-/Unterhitze: etwa 200 °C
Heißluft: etwa 180 °C

3. Champignons putzen, mit Küchenpapier abreiben und Champignons in dicke Scheiben schneiden. Butter oder Margarine in einer großen beschichteten Pfanne zerlassen. Zucchini- und Champignonscheiben kurz darin andünsten.

4. Paprikastreifen 1–2 Minuten in kochendem Salzwasser blanchieren, dann abtropfen lassen. Basilikum abspülen, trocken tupfen und die Blättchen von den Stängeln zupfen. Blättchen in feine Streifen schneiden.

5. Zucchini- und Champignonscheiben, Paprika- und Basilikumstreifen abwechselnd in eine kleine Auflaufform (gefettet) schichten.

6. Für den Guss Eier mit Milch und Crème fraîche verrühren. Knoblauchzehe abziehen und durch eine Knoblauchpresse in die Eiermilch drücken. Eiermilch mit Salz, Pfeffer und Muskat würzen.

7. Die Eiermilch über das eingeschichtete Gemüse gießen, Gouda darüberstreuen. Die Form auf dem Rost in den vorgeheizten Backofen schieben und den Auflauf **etwa 45 Minuten** garen.

Tipp:

Blanchieren. Man blanchiert Paprikastreifen oder anderes Gemüse, indem das Gemüse kurz in kochendem Salzwasser vorgegart und dann möglichst in Eiswasser abgekühlt wird. Das Gemüse wird so besser verdaulich und bleibt dennoch knackig frisch.

Variante:

Statt Paprika können Sie auch 1 Dose Gemüsemais (Abtropfgewicht 140 g) verwenden. Mais in einem Sieb abtropfen lassen. Zucchini- und Pilzscheiben abwechselnd mit Mais und Basilikum in eine Auflaufform schichten. Auflauf weiter wie im Rezept beschrieben zubereiten.

Zutaten:

400 g Zucchini
1 kleine rote Paprikaschote
150 g kleine Champignons
1 TL Butter oder Margarine
3–4 Stängel Basilikum
2 Eier (Größe M)
2 EL Milch
½ Becher (75 g) Crème fraîche
1 Knoblauchzehe
Salz
frisch gemahlener Pfeffer
frisch geriebene Muskatnuss
50 g geriebener mittelalter Gouda-Käse

E: 20 g, F: 33 g, Kh: 10 g,
kJ: 1738, kcal: 416, BE: 0,0

Zutaten:

300 g TK-Blattspinat
Salz
frisch gemahlener Pfeffer
frisch geriebene Muskatnuss
500 g möglichst kleine, festkochende Kartoffeln
125 ml (⅛ l) Milch (3,5 % Fett)
½ Bund Schnittlauch
62,5 g Mozzarella-Käse

E: 16 g, F: 11 g, Kh: 33 g,
kJ: 1308, kcal: 312, BE: 2,5

Tipp:

Statt Mozzarella-Käse können Sie auch fein geriebenen Parmesan- oder mittelalten Gouda-Käse verwenden. Dadurch bekommt das Gratin einen herzhafteren Geschmack. Vermengen Sie nach Belieben vor dem Einschichten eine durchgepresste Knoblauchzehe mit dem Spinat, so schmeckt er pikanter.

Gut vorzubereiten Kartoffel-Spinat-Gratin

Zubereitungszeit: etwa 30 Minuten
Garzeit: etwa 45 Minuten,
für 2 Personen.

Zubereitung:

1. Blattspinat nach Packungsanleitung in einem Topf mit etwas Wasser garen. Spinat etwas abkühlen lassen, leicht ausdrücken und grob hacken. Spinat mit Salz, Pfeffer und Muskat würzen.

2. In der Zwischenzeit die Kartoffeln schälen, abspülen, abtropfen lassen und in feine Scheiben schneiden.
Den Backofen vorheizen.
Ober-/Unterhitze: etwa 200 °C
Heißluft: etwa 180 °C

3. Kartoffelscheiben dachziegelartig in eine flache Auflaufform (gefettet) schichten und den Spinat auf und zwischen den Kartoffelscheiben verteilen.

4. Milch in einem kleinen Topf erwärmen, mit Salz, Pfeffer und Muskat würzen. Milch über die Kartoffelscheiben und den Spinat gießen. Die Form auf dem Rost in den vorgeheizten Backofen schieben und das Gratin **etwa 45 Minuten** garen.

5. In der Zwischenzeit Schnittlauch abspülen, trocken tupfen und in feine Röllchen schneiden. Mozzarella abtropfen lassen und in kleine Würfel schneiden. Schnittlauchröllchen mit den Mozzarella-Würfeln vermengen, nach der Hälfte der Garzeit auf dem Gratin verteilen und das Kartoffel-Spinat-Gratin fertig garen.

Variante:

Spinat mit Käse-Creme-Sauce (für 2 Personen).
Hierfür 450 g TK-Blattspinat nach Packungsanleitung in einem Topf mit etwas Wasser garen. Spinat mit Salz und Muskatnuss würzen. In der Zwischenzeit für die Käse-Creme-Sauce 1 Schalotte und 1 Knoblauchzehe abziehen. Schalotte fein würfeln, Knoblauchzehe durch eine Knoblauchpresse drücken. 1 Esslöffel Butter in einem Topf zerlassen. Schalottenwürfel und Knoblauch darin glasig dünsten. Je 6–7 Esslöffel Weißwein und Gemüsebrühe hinzugießen, verrühren und cremig einkochen lassen. 50 g milden Edelpilz-Käse (z.B. Gorgonzola oder Blue Castello) in kleine Stücke schneiden, in die Sauce geben und unter Rühren darin auflösen. Den Topf von der Kochstelle nehmen. 1 frisches Eigelb (Größe M) in einer kleinen Schüssel verschlagen, nach und nach 4–5 Esslöffel Sauce mit dem Eigelb verrühren. Angerührtes Eigelb in die Sauce rühren und erwärmen (die Sauce darf nicht mehr kochen, da das Eigelb sonst gerinnt). Sauce mit Salz, Pfeffer und etwas Kreuzkümmel (Cumin) würzen.
Die Sauce zum Spinat reichen.

Herzhaft überbackene Rösti

Schnell

Zubereitungszeit: etwa 35 Minuten
Überbackzeit: etwa 5 Minuten,
für 2 Personen.

Zutaten:

2 Tomaten
100 g kleine Champignons
1 Zwiebel
½ Bund Petersilie (ersatzweise TK-Petersilie)
2 EL Speiseöl, z. B. Sonnenblumenöl
6 TK-Kartoffelrösti-Ecken (etwa 375 g)
Salz
frisch gemahlener Pfeffer
2 Scheiben junger Gouda-Käse

Außerdem:
Backpapier für das Blech

E: 15 g, F: 35 g, Kh: 50 g,
kJ: 2407, kcal: 575, BE: 4,0

Zubereitung:

1. Den Backofen vorheizen.
Ober-/Unterhitze: 180–200 °C
Heißluft: 160–180 °C

2. Tomaten abspülen, abtropfen lassen, halbieren und die Stängelansätze herausschneiden. Tomaten in Scheiben schneiden. Champignons putzen, mit Küchenpapier abreiben und in Scheiben schneiden. Zwiebel abziehen und würfeln.

3. Petersilie abspülen und trocken tupfen. 2 Stängel zum Garnieren beiseitelegen. Von der restlichen Petersilie die Blättchen von den Stängeln zupfen und Blättchen fein hacken.

4. In einer Pfanne 1 Esslöffel Öl erhitzen. Die Rösti darin von beiden Seiten nach Packungsanleitung jeweils etwa 4 Minuten bei mittlerer Hitze braten. Gebratene Rösti in Dreiergruppen auf ein mit Backpapier ausgelegtes Backblech legen, mit Salz und Pfeffer bestreuen.

5. Je eine Dreiergruppe Rösti zuerst mit Tomatenscheiben, dann mit Käsescheiben belegen und nach Belieben nochmals mit etwas Pfeffer bestreuen. Das Backblech in den vorgeheizten Backofen schieben und die Rösti **etwa 5 Minuten** überbacken.

6. In der Zwischenzeit restliches Öl in der Pfanne erhitzen und die Zwiebelwürfel darin anbraten. Champignonscheiben hinzufügen, unter Rühren bei mittlerer Hitze mitbraten. Champignons mit Salz und Pfeffer würzen.

7. Die überbackenen Rösti mit den gebratenen Champignons anrichten. Rösti mit der Petersilie bestreuen und den beiseitegelegten Petersiliestängeln garnieren.

Dazu passen:

Grüner Salat, Feld- oder Möhrensalat.

Variante:

Für **Kartoffelrösti mit Pilzsauce** (für 2 Personen) den Backofen vorheizen (Ober-/Unterhitze: etwa 200 °C, Heißluft: etwa 180 °C). Kartoffelrösti auf einem mit Backpapier ausgelegten Backblech verteilen und nach Packungsanleitung 20–25 Minuten backen. Inzwischen 1 Glas Champignons in Scheiben (Abtropfgewicht 190 g) in einem Sieb abtropfen lassen. 1 kleine Zwiebel abziehen, würfeln. 1 Teelöffel Öl in einer Pfanne erhitzen. Zwiebelwürfel zufügen und mitbraten. Abgetropfte Pilze zu den Speck- und Zwiebelwürfeln geben und kurz mitbraten. Je 100 ml Gemüsebrühe und Schlagsahne zu den Pilzen geben und aufkochen. Etwa 1 Esslöffel dunklen Saucenbinder in die kochende Flüssigkeit einrühren, wieder aufkochen und unter gelegentlichem Rühren etwa 5 Minuten bei schwacher Hitze köcheln lassen. Pilzsauce mit Salz und Pfeffer abschmecken. 1 Esslöffel Schnittlauchröllchen unterrühren. Kartoffelrösti mit der Pilzsauce servieren.

Noch ein Tipp:

Die Rösti können statt in der Pfanne auch gleich im Ofen zubereitet werden. Hierfür den Backofen nach Packungsanleitung vorheizen (Ober-/Unterhitze: etwa 200 °C, Heißluft: etwa 180 °C). Kartoffelrösti auf einem mit Backpapier ausgelegten Backblech verteilen und nach Packungsanleitung 20–25 Minuten backen. Rösti herausnehmen, zu Dreiergruppen zusammenlegen, salzen und pfeffern. Weiter wie ab Punkt 4 im Rezept beschrieben zubereiten.

Tipp:

Kartoffelrösti lassen sich prima einzeln aus der Verpackung nehmen und garen. Den Rest wieder einfrieren.

Preiswert
Gemüse-Kartoffel-Wedges

Zubereitungszeit: etwa 25 Minuten, Garzeit: etwa 45 Minuten, für 2 Personen.

Zutaten:

300 g möglichst kleine, festkochende Kartoffeln
200 g Möhren
175 g Staudensellerie
½ Bund Frühlingszwiebeln
2 EL Olivenöl
150 ml Gemüsebrühe
1 Knoblauchzehe
1–2 TL TK-Gemischte Kräuter
Salz
frisch gemahlener Pfeffer
½ milde, rote Chilischote

E: 6 g, F: 11 g, Kh: 33 g,
kJ: 1061, kcal: 254, BE: 2,0

Zubereitung:

1. Den Backofen vorheizen.
Ober-/Unterhitze: etwa 180 °C
Heißluft: etwa 160 °C

2. Kartoffeln unter fließendem kalten Wasser gründlich abbürsten, abtrocknen und längs in Spalten schneiden.

3. Möhren putzen, schälen, abspülen und abtropfen lassen. Möhren längs vierteln. Sellerie putzen und die harten Außenfäden abziehen. Sellerie abspülen und abtropfen lassen. Je nach Dicke der Selleriestangen diese längs halbieren oder vierteln.

4. Frühlingszwiebeln putzen, abspülen, abtropfen lassen. Möhren, Sellerie und Frühlingszwiebeln in etwa 5 cm lange Stücke schneiden.

5. Öl in einer großen Pfanne erhitzen. Kartoffel-, Möhren- und Selleriestücke darin bei mittlerer bis starker Hitze unter gelegentlichem Wenden etwa 5 Minuten dünsten. Anschließend in eine kleine Auflaufform (gefettet) geben. Brühe hinzugießen. Die Form auf dem Rost in den vorgeheizten Backofen schieben. Die Kartoffel- und Gemüsestücke **40–45 Minuten** garen.

6. Inzwischen Knoblauchzehe abziehen und durch eine Knoblauchpresse drücken. Nach etwa 20 Minuten Garzeit Frühlingszwiebelstücke, zerdrückten Knoblauch und Kräuter mit den Kartoffel- und Gemüsestücken vermengen. Kartoffel- und Gemüsestücke mit Salz und Pfeffer bestreuen. Während der Garzeit die Kartoffel- und Gemüsestücke ab und zu in der Form wenden.

7. Chilischote abspülen, abtropfen lassen. Chilischote halbieren, entstielen, entkernen und die weißen Scheidewände entfernen. Schote in feine Streifen schneiden. Gemüse-Kartoffel-Wedges auf 2 Teller geben und die Chilistreifen darüber verteilen.

Tipp:

Nach dem Zubereiten von Chilischoten immer gründlich die Hände mit Wasser und Seife waschen. Chilireste können in den Augen und Schleimhäuten brennen.

Noch ein Tipp:

Das Rezept kann für Gäste verdoppelt werden. Dann die Kartoffel- und Gemüsestücke auf ein Backblech oder in einer Fettpfanne (beides gefettet) verteilen. Die Garzeit bleibt gleich.

Variante:

Für **provenzalische Kartoffel-Wedges** (für 2 Personen) statt Möhren, Staudensellerie, Frühlingszwiebeln, TK-Gemischte Kräuter und Chilischote, je 1 rote Paprikaschote, 1 kleine Zucchini, 1 kleine Aubergine, 1 Zwiebel und 1½ Teelöffel getrocknete Kräuter der Provence verwenden. Das Gemüse putzen, abspülen, abtropfen lassen und in mundgerechte Stücke schneiden. Zwiebel in Spalten oder Scheiben schneiden. Vorbereitetes Gemüse mit den Kartoffelvierteln und der Brühe in die Form geben. Kartoffel-Wedges wie im Rezept beschrieben garen. Nach 20 Minuten Garzeit 1 zerdrückte Knoblauchzehe, 2 Messerspitzen Kräuter der Provence, etwas Salz und Pfeffer unterrühren. Kartoffel-Wedges wie im Rezept beschrieben weitergaren.

Gnocchi mit Tomatensauce

Schnell zubereitet

Zubereitungszeit: etwa 25 Minuten,
für 2 Personen.

Zutaten:

Für die Tomatensauce:
1 Zwiebel
4 Fleischtomaten
2 EL Olivenöl
25 g TK-Italienische Kräuter
200 ml Gemüsebrühe
8 EL Tomatenketchup
Salz
frisch gemahlener Pfeffer

Für die Gnocchi:
2 l Wasser
2 gestr. TL Salz
500–600 g frische Gnocchi
(aus dem Kühlregal)

E: 17 g, F: 13 g, Kh: 133 g,
kJ: 3024, kcal: 721, BE: 10,0

Zubereitung:

1. Für die Tomatensauce Zwiebel abziehen und in kleine Würfel schneiden. Fleischtomaten abspülen, abtropfen lassen, halbieren und die Stängelansätze herausschneiden. Tomaten in Würfel schneiden.

2. Olivenöl in einer Pfanne erhitzen und die Zwiebelwürfel darin glasig dünsten. Tomatenwürfel und TK-Kräuter hinzufügen und kurz mitdünsten. Gemüsebrühe hinzugießen und Tomatenketchup unterrühren. Tomatensauce unter gelegentlichem Rühren aufkochen, dann 3–4 Minuten bei mittlerer Hitze einkochen lassen. Tomatensauce mit Salz und Pfeffer würzen, anschließend warm stellen.

3. Für die Gnocchi in der Zwischenzeit Wasser mit Salz in einem geschlossenen Topf zum Kochen bringen. Gnocchi zugeben und im geöffneten Topf bei mittlerer Hitze nach Packungsanleitung zubereiten. Anschließend die Gnocchi in ein Sieb geben, mit heißem Wasser abspülen und abtropfen lassen.

4. Gnocchi mit der Tomatensauce servieren.

Tipp:

Noch schneller geht es, wenn Sie fertige Tomatensauce (aus dem Tetra Pak®) verwenden. Diese gibt es in verschiedenen Geschmacksrichtungen zu kaufen (z. B. mit Kräutern, Basilikum, Champignons).

Noch ein Tipp:

Sie können die Gnocchi auch in der Pfanne mit etwas zerlassener Butter oder Olivenöl knusprig braten, dabei die Gnocchi ab und zu wenden.

Variante:

Gnocchi im Spinatbett (für 2 Personen). Für das Spinatbett 500 g frischen Spinat sorgfältig verlesen, gründlich waschen und abtropfen lassen. 1 kleine Zwiebel und 1 Knoblauchzehe abziehen, fein würfeln. 20 g Butter in einem Topf zerlassen. Zwiebel- und Knoblauchwürfel darin glasig dünsten. Spinat hinzugeben und 3–4 Minuten dünsten, bis er zusammenfällt. Spinat mit Salz, Pfeffer und Muskatnuss abschmecken. Spinat in einer Auflaufform (gefettet) verteilen. Den Backofen vorheizen (Ober-/Unterhitze: etwa 200 °C, Heißluft: etwa 180 °C). 2 Liter Wasser in einem Topf zum Kochen bringen. 1 gestrichenen Teelöffel Salz und 500–600 g frische Gnocchi (aus dem Kühlregal) hinzufügen. Gnocchi nach Packungsanleitung zubereiten. Anschließend Gnocchi in einem Sieb abtropfen lassen. Gnocchi auf dem Spinat verteilen. Für den Guss 100 g Doppelrahm-Frischkäse mit Kräutern mit 60–70 g Schlagsahne verrühren. Guss über den Gnocchi verteilen. Die Form auf dem Rost in den vorgeheizten Backofen schieben. Gnocchi etwa 15 Minuten garen.

Macht richtig satt

Pesto-Spaghetti mit Schafkäse

Zubereitungszeit: etwa 40 Minuten,
für 2 Personen.

Zubereitung:

1. Für die Pesto-Spaghetti Wasser in einem großen geschlossenen Topf zum Kochen bringen. Dann Salz und Spaghetti zugeben. Die Nudeln im geöffneten Topf bei mittlerer Hitze nach Packungsanleitung bissfest kochen, dabei ab und zu umrühren. Anschließend die Nudeln in ein Sieb geben, mit heißem Wasser abspülen und abtropfen lassen.

2. Für das Pesto Basilikum abspülen, trocken tupfen und die Blättchen von den Stängeln zupfen. Knoblauchzehen abziehen, mit Pinienkernen und Basilikum in einem Rührbecher pürieren. So lange pürieren, bis eine cremige Masse entstanden ist. Geriebenen Käse hinzufügen und kurz weiter pürieren. Olivenöl langsam dazugießen und wieder pürieren. Das Pesto nach Belieben mit etwas Salz abschmecken.

3. Für das Gemüse Möhre putzen, schälen, abspülen und abtropfen lassen. Möhre schräg in etwa 1 cm dicke Scheiben schneiden. Kohlrabi schälen, abspülen und abtropfen lassen. Kohlrabi erst vierteln, dann in Stücke schneiden.

4. Staudensellerie putzen und die harten Außenfäden abziehen. Sellerie abspülen und abtropfen lassen. Porree putzen, die Stange längs halbieren, abspülen und abtropfen lassen. Sellerie und Porree in schräge Stücke schneiden.

5. Butter in einem Topf zerlassen. Möhrenscheiben, Kohlrabi-, Sellerie- und Porreestücke darin bei mittlerer Hitze etwa 2 Minuten unter gelegentlichem Rühren dünsten. Das Gemüse mit Salz und Pfeffer würzen. 2–3 Esslöffel Wasser zugeben und mit Deckel bei mittlerer Hitze etwa 5 Minuten garen.

6. Für den Schafkäse Mehl in einen tiefen Teller geben. Den Schafkäse waagerecht halbieren und in dem Mehl wenden, nicht anhaftendes Mehl leicht abschütteln. Öl in einer Pfanne erhitzen und den Käse darin bei mittlerer bis starker Hitze von jeder Seite etwa 3 Minuten goldbraun braten. Der Käse läuft beim Braten etwas auseinander, deshalb für das Wenden einen Pfannenwender benutzen.

7. In der Zwischenzeit das Pesto in einem Topf erwärmen, die abgetropften Spaghetti hineingeben und vorsichtig untermengen. Nudeln portionsweise mit einer Fleischgabel aufdrehen und auf zwei Tellern anrichten. Den gebackenen Schafkäse und das warme Gemüse dazugeben, mit Parmesan-Käse bestreut servieren.

Zutaten:

Für die Pesto-Spaghetti:
2 l Wasser
2 gestr. TL Salz
160–200 g Spaghetti

Für das Pesto:
1 Bund frisches Basilikum
1–2 Knoblauchzehen
25 g Pinienkerne
50 g frisch geriebener Pecorino- oder Parmesan-Käse
100 ml Olivenöl
Salz

Für das Gemüse:
1 Möhre
1 kleiner Kohlrabi
1 Stange Staudensellerie
½ kleine Stange Porree (Lauch)
1 EL Butter
Salz
frisch gemahlener Pfeffer

Für den Schafkäse:
1 EL Weizenmehl
200 g Schafkäse
1–1½ EL Olivenöl

1 EL frisch geriebener Parmesan-Käse

E: 44 g, F: 99 g, Kh: 73 g,
kJ: 5701, kcal: 1362, BE: 5,5

Tipp zum Aufdrehen der Nudeln:

Mit einer Fleischgabel in die Pesto-Spaghetti stechen. Die Gabel dabei drehen und langsam auf und ab bewegen, sodass sich immer mehr Nudeln auf das Knäuel wickeln. Dann die Nudeln vorsichtig auf einen Teller gleiten lassen.

Noch ein Tipp:

Wenn es schnell gehen soll, nur die Spaghetti mit dem Pesto zubereiten. Dann das Gemüse und den Schafkäse einfach weglassen.

Kleine Warenkunde:

Schafkäse hat einen mittleren Fettgehalt und ist angenehm im Geschmack. Griechischer Feta ist ein Weichkäse, der 4–6 Wochen in einer Salzlake reift. Er hat einen salzig-säuerlichen Geschmack.

Variante:

Das klassische Pesto wird immer mit Pinienkernen gemacht. Probieren Sie zur Abwechslung mal Sonnenblumenkerne. Diese haben außerdem etwas weniger Kalorien.

Spiralnudeln mit Zucchini-Schafkäse-Sauce

Zubereitungszeit: etwa 25 Minuten, für 1 Person.

Zubereitung:

1. Für die Nudeln Wasser in einem geschlossenen Topf zum Kochen bringen. Dann Salz und Spiralnudeln zugeben. Die Nudeln im geöffneten Topf bei mittlerer Hitze nach Packungsanleitung bissfest kochen, ab und zu umrühren. Anschließend die Nudeln in ein Sieb geben, mit heißem Wasser abspülen und abtropfen lassen. Nudeln warm stellen.

Einfach lecker

2. Für die Sauce Tomaten kreuzweise einschneiden, kurz in kochendes Wasser legen und in kaltem Wasser abschrecken. Tomaten enthäuten, halbieren und die Stängelansätze herausschneiden. Tomaten entkernen und in nicht zu kleine Stücke schneiden.

3. Zucchini abspülen, abtropfen lassen und die Enden abschneiden. Zucchini erst in Scheiben, dann in Stifte schneiden. Zwiebel und Knoblauchzehe abziehen und würfeln. Thymian abspülen, trocken tupfen und die Blättchen von den Stängeln zupfen. Thymianblättchen beiseitelegen.

4. Öl in einem Topf erhitzen. Zwiebel- und Knoblauchwürfel kurz darin andünsten. Zucchinistifte hinzufügen und 3–5 Minuten bei mittlerer Hitze mitdünsten.

5. Sahne und Tomatenstücke hinzufügen, umrühren und aufkochen lassen. Thymian zufügen und unterrühren. Anschließend die Sauce mit Salz, Pfeffer und Cayennepfeffer abschmecken.

6. Schafkäse in Würfel schneiden und in der Sauce erwärmen (nicht mehr kochen lassen). Die Zucchini-Schafkäse-Sauce zu den Nudeln servieren. Oder die Nudeln mit der Sauce vermengen und auf Tellern anrichten, so nehmen die Nudeln die Sauce besser auf.

Zutaten:

Für die Nudeln:
1 l Wasser
1 gestr. TL Salz
80–100 g Spiralnudeln

Für die Sauce:
150 g Tomaten
150 g Zucchini
½ kleine Zwiebel
1 Knoblauchzehe
2–3 Stängel Thymian (ersatzweise 1–2 Msp. gerebelter Thymian)
1 EL Olivenöl
6–7 EL Schlagsahne
Salz
frisch gemahlener Pfeffer
Cayennepfeffer
50 g Schafkäse

E: 25 g, F: 45 g, Kh: 71 g,
kJ: 3336, kcal: 796, BE: 5,5

Tipps:

Wenn es schnell gehen soll, statt der frischen Tomaten 3–4 Esslöffel Tomatenstückchen (aus dem Tetra Pak®) verwenden. Für mehrere Gäste das Rezept entsprechend der Personenzahl erhöhen.

Variante:

Schafkäsesauce mit Paprika (für 2 Personen). Hierfür 1 Zwiebel und 1 Knoblauchzehe abziehen und fein würfeln. 1½ Esslöffel Olivenöl in einem Topf erhitzen. Zwiebel- und Knoblauchwürfel darin andünsten. 1 Teelöffel Weizenmehl hinzugeben, mit einem Schneebesen verrühren und so lange erhitzen, bis es hellgelb ist. Nach und nach 75 ml Gemüsebrühe und 75 g Schlagsahne unter Rühren hinzugeben, kurz aufkochen lassen. ½ rote Paprikaschote entstielen, entkernen und die weißen Scheidewände entfernen. Schote abspülen, abtropfen lassen und in kleine Würfel schneiden. Paprikawürfel in die Sauce geben und etwa 5 Minuten mitkochen lassen. 150 g Schafkäse in Würfel schneiden. ½ Bund Petersilie abspülen, trocken tupfen, die Blättchen von den Stängeln zupfen und Blättchen fein hacken. Käsewürfel und gehackte Petersilie in die Sauce geben, kurz darin erwärmen. Sauce mit Salz und Pfeffer würzen. Dazu gegarte Spiralnudeln servieren.

Zutaten:

Für die Linguine:
2 l Wasser
2 gestr. TL Salz
160–200 g Linguine (dünne Bandnudeln)

Für die Sauce:
1 kleine Schalotte
1 Knoblauchzehe
½ Bund Frühlingszwiebeln
8 Cocktailtomaten
1 kleines Bund Bärlauch oder Basilikum
15 g Butter oder Margarine
125 g Ziegen-Frischkäse
(ersatzweise Doppelrahm-Frischkäse)
100 g Schlagsahne
Salz
frisch gemahlener Pfeffer

E: 17 g, F: 40 g, Kh: 72 g,
kJ: 3052, kcal: 731, BE: 5,5

Zubereitung:

1. Für die Linguine Wasser in einem großen geschlossenen Topf zum Kochen bringen. Dann Salz und Linguine zugeben. Die Nudeln im geöffneten Topf bei mittlerer Hitze nach Packungsanleitung bissfest kochen, ab und zu umrühren. Anschließend die Nudeln in ein Sieb geben, mit heißem Wasser abspülen und abtropfen lassen.

2. In der Zwischenzeit für die Sauce Schalotte und Knoblauchzehe abziehen, beides in kleine Würfel schneiden. Frühlingszwiebeln putzen, abspülen, abtropfen lassen und in feine Scheiben schneiden. Cocktailtomaten abspülen und abtropfen lassen. Bärlauch oder Basilikum abspülen, trocken tupfen, die Blättchen von den Stängeln zupfen und Blättchen in feine Streifen schneiden.

Raffiniert

Linguine mit Ziegen-Frischkäse-Sauce

Zubereitungszeit: etwa 20 Minuten,
für 2 Personen.

3. Butter oder Margarine in einem Topf erhitzen und die Schalotten- und Knoblauchwürfel kurz darin andünsten. Ziegen-Frischkäse und Sahne unterrühren. Alles bei schwacher Hitze unter Rühren erwärmen, bis der Ziegen-Frischkäse geschmolzen ist. Die Sauce mit Salz und Pfeffer abschmecken.

4. Frühlingszwiebelscheiben und Cocktailtomaten in die Sauce geben und miterwärmen. Zuletzt die Bärlauch- oder Basilikumstreifen dazugeben und unterrühren.

5. Die Bandnudeln mit der Sauce vermengt servieren.

Kleine Warenkunde:

Schalotten schmecken feiner und milder als Zwiebeln. Im Gegensatz zu Zwiebeln sollte man Schalotten nie bräunen, sie schmecken sonst bitter. Schalotten sind etwas kleiner als Zwiebeln und sind ein wichtiger Bestandteil in der französischen Küche.

Variante:

Spaghetti mit Frischkäse-Tomaten-Sauce
(für 2 Personen). Für die Sauce 200 g Tomaten kreuzweise einschneiden, kurz in kochendes Wasser legen, anschließend in kaltem Wasser abschrecken. Tomaten enthäuten, halbieren und die Stängelansätze herausschneiden. Tomaten in Stücke schneiden. 1 Schalotte abziehen und fein würfeln. 1½ Esslöffel Olivenöl in einem Topf erhitzen und die Schalottenwürfel darin glasig dünsten. Tomatenwürfel zugeben und kurz mitdünsten. Mit Salz, Pfeffer und 1 Messerspitze gerebeltem Majoran würzen. 6 Esslöffel Gemüsebrühe unterrühren und so lange bei mittlerer Hitze einkochen, bis die Sauce leicht cremig ist. 150 g Frischkäse (mit französischen Kräutern) in die Sauce rühren und nach Belieben mit 1 Esslöffel Weißwein abschmecken. Für die Spaghetti etwa 2 l Wasser in einem großen geschlossenen Topf zum Kochen bringen. Dann 2 gestrichene Teelöffel Salz und 160–200 g Spaghetti zugeben. Die Nudeln wie im Rezept unter Punkt 1 beschrieben zubereiten und abtropfen lassen. ½ Topf Basilikum abspülen, trocken tupfen und die Blättchen von den Stängeln zupfen. Einige Blättchen zum Garnieren beiseitelegen, die restlichen Blättchen fein hacken und in die Sauce rühren. Spaghetti mit der Sauce und den beiseitegelegten Basilikumblättchen garniert servieren.

Bandnudeln mit italienischem Bohnengemüse

Raffiniert

Zubereitungszeit: etwa 40 Minuten, für 2 Personen.

Zutaten:

250 g grüne Bohnen (Brechbohnen; ersatzweise 250 g TK-Bohnen)
2 l Wasser
2 gestr. TL Salz
200 g Bandnudeln
40 g getrocknete Tomaten
1–2 Knoblauchzehen
½ Bund Basilikum
1 EL Olivenöl
50 ml Gemüsebrühe
frisch gemahlener schwarzer Pfeffer

E: 19 g, F: 8 g, Kh: 83 g,
kJ: 2040, kcal: 486, BE: 7,0

Tipp:

Statt getrockneter Tomaten können Sie auch 1 mittelgroße Fleischtomate verwenden. Dann die Tomate kreuzweise einschneiden und kurz in kochendes Wasser legen. Anschließend mit kaltem Wasser abschrecken. Tomate enthäuten, halbieren und den Stängelansatz herausschneiden. Tomate entkernen, das Fruchtfleisch in Streifen schneiden.

Zubereitung:

1. Von den Bohnen die Enden abschneiden, evtl. die Fäden abziehen. Bohnen abspülen, abtropfen lassen und in Stücke schneiden oder brechen. In einem Topf wenig Wasser zum Kochen bringen. Bohnen und Salz (auf ⅜ l Wasser ⅓ TL Salz) in das kochende Wasser geben, erneut zum Kochen bringen und die Bohnen zugedeckt bei mittlerer Hitze etwa 15 Minuten bissfest garen (Tiefgekühlte Bohnen nach Packungsanleitung garen). Anschließend die Bohnen in ein Sieb geben und abtropfen lassen.

2. In einem geschlossenen Topf Wasser zum Kochen bringen. Dann Salz und Bandnudeln zugeben. Die Nudeln im geöffneten Topf bei mittlerer Hitze nach Packungsanleitung bissfest kochen, ab und zu umrühren. Anschließend die Nudeln in ein Sieb geben, mit heißem Wasser abspülen und abtropfen lassen.

3. In der Zwischenzeit Tomaten in Streifen schneiden. Knoblauch abziehen und in Scheiben schneiden. Basilikum abspülen, trocken tupfen, die Blättchen von den Stängeln zupfen. Basilikumblättchen in Streifen schneiden und beiseitelegen.

4. Olivenöl in einer beschichteten Pfanne erhitzen. Tomatenstreifen und Knoblauchscheiben kurz darin andünsten. Brühe hinzugießen und einmal aufkochen lassen. Abgetropfte Bohnen hinzufügen und unter Rühren kurz erwärmen. Alles mit Salz und Pfeffer abschmecken. Basilikumstreifen unterheben.

5. Nudeln mit Bohnengemüse auf Tellern anrichten und sofort servieren.

Noch ein Tipp:

Statt des italienischen Bohnengemüses ersetzen Sie die Bohnen durch je 125 g Zuckerschoten und Möhren. Von den Zuckerschoten die Enden abschneiden, die Schoten evtl. abfädeln und je nach Größe quer halbieren. Zuckerschoten abspülen und abtropfen lassen. In wenig kochendem Salzwasser etwa 5 Minuten bissfest garen. Die Schoten mit einer Schaumkelle aus dem Wasser nehmen, in eiskaltes Wasser geben, damit sie ihre grüne Farbe behalten. Zuckerschoten herausnehmen und gut abtropfen lassen. Möhren putzen, schälen, abspülen und abtropfen lassen. Möhren in Stifte schneiden.

Variante:

Käse-Kräuter-Nudeln mit Spinat und Champignons (für 2 Personen). Hierfür 225 g TK-Blattspinat nach Packungsanleitung auftauen lassen. 250 g Champignons putzen, mit Küchenpapier abreiben und Champignons in Scheiben schneiden. Für die Nudeln 2 l Wasser in einem geschlossenen Topf zum Kochen bringen. Dann 2 gestrichene Teelöffel Salz und 160–200 g Spätzle oder Penne zugeben. Spätzle oder Penne im geöffneten Topf bei mittlerer Hitze nach Packungsanleitung bissfest kochen, ab und zu umrühren. Anschließend die Spätzle oder Penne in ein Sieb geben, mit heißem Wasser abspülen und abtropfen lassen. In der Zwischenzeit 40 g Kräuterbutter (Fertigprodukt) in einem Topf zerlassen und die Champignonscheiben darin unter gelegentlichem Rühren bei mittlerer Hitze andünsten. Aufgetauten Blattspinat etwas ausdrücken und grob hacken. 1 Knoblauchzehe abziehen, fein hacken und mit dem Spinat zu den Champignonscheiben geben. Beides kurz mitdünsten. Alles mit Salz und Pfeffer abschmecken. Spätzle oder Penne untermengen und auf Tellern anrichten. Mit 75 g frisch geriebenem Gouda-Käse bestreuen.

Zutaten:

250 g Cocktailtomaten
200 g Zucchini
200 g kleine Champignons
500 g Tortelloni Formaggia (aus dem Kühlregal)
1 Dose stückige Tomaten (Einwaage 400 g)
3–4 EL Tomatenketchup
Salz
frisch gemahlener Pfeffer
2 EL Olivenöl
100 g geriebener Pecorino-Käse
etwa 4 Stängel Basilikum

Außerdem:
8 Holzspieße

E: 53 g, F: 53 g, Kh: 130 g,
kJ: 5120, kcal: 1217, BE: 10,5

Zubereitung:

1. Cocktailtomaten abspülen und abtropfen lassen, evtl. Stängelansätze herausschneiden. Zucchini abspülen, abtropfen lassen und die Enden abschneiden. Zucchini in etwa 1 cm dicke Scheiben schneiden. Champignons putzen und mit Küchenpapier abreiben.

2. Abwechselnd Tortelloni mit Tomaten, Zucchinischeiben und Champignons auf die Holzspieße stecken (auf jeden Spieß 4–5 Tortelloni). Den Backofen vorheizen.
Ober-/Unterhitze: etwa 200 °C
Heißluft: etwa 180 °C

3. Stückige Tomaten mit Ketchup verrühren und in einer großen Auflaufform (gefettet) verteilen. Sauce mit Salz und Pfeffer abschmecken. Die Nudelspieße hineinlegen. Die restlichen Tomaten, Zucchinischeiben und Champignons zwischen den Spießen verteilen. Nudelspieße mit Salz und Pfeffer würzen, mit Olivenöl beträufeln. Den Käse darüberstreuen.

Gut vorzubereiten

Überbackene Nudelspieße

Zubereitungszeit: etwa 35 Minuten,
Garzeit: etwa 25 Minuten,
für 2 Personen (ergibt 8 Spieße).

4. Die Form auf dem Rost in den vorgeheizten Backofen schieben und die Nudelspieße **etwa 10 Minuten** garen.

5. **Nach etwa 10 Minuten Garzeit** die Backofentemperatur um 20 °C (Ober-/Unterhitze: etwa 180 °C, Heißluft: etwa 160 °C) reduzieren und weitere **etwa 15 Minuten** garen.

6. In der Zwischenzeit Basilikum abspülen, trocken tupfen, die Blättchen von den Stängeln zupfen und Blättchen fein hacken. Die Spieße mit Basilikum bestreut servieren.

Tipps:

Tortelloni Formaggia sind mit Käse gefüllte Teigtaschen. Im Kühlregal finden Sie bei den Tortelloni eine große Auswahl an Farben (weiß, grün) und verschiedenen Füllungen (Käse, Gemüse). Statt Pecorino-Käse können Sie auch je 100 g geriebenen Parmesan- und Gouda-Käse verwenden.

Noch ein Tipp:

Tomatensaucen-Fans nehmen statt des Tomatenketchups 1 zusätzliche Dose stückige Tomaten (Einwaage 400 g) oder verwenden 1 große Dose geschälte Tomaten (Einwaage 800 g). Dann die Tomaten in der Dose etwas zerkleinern und mit dem Saft in die Form geben. Tomaten mit Salz und Pfeffer würzen. Wer mag, schmeckt die Sauce zusätzlich mit 1–2 Messerspitzen gerebelten Kräutern (z. B. Thymian, Basilikum, Oregano) ab.

Schnell
Austernpilztoast

Zubereitungszeit: etwa 20 Minuten,
Garzeit: etwa 10 Minuten,
für 2 Personen (ergibt 4 Toastdreiecke).

Zubereitung:

1. Zwiebel abziehen und fein würfeln. Austernpilze putzen, mit Küchenpapier abreiben und in dünne Streifen schneiden.

2. Paprikahälfte entstielen, entkernen und die weißen Scheidewände entfernen. Die Paprikahälfte abspülen, abtropfen lassen und in Streifen schneiden.

3. Den Backofen vorheizen.
Ober-/Unterhitze: etwa 200 °C
Heißluft: etwa 180 °C

4. Kräuter abspülen, trocken tupfen. Schnittlauch in Röllchen schneiden. Basilikumblättchen von den Stängeln zupfen und Blättchen fein hacken.

5. Öl in einer Pfanne erhitzen, die Zwiebelwürfel darin glasig dünsten. Die Paprikastreifen hinzufügen und unter gelegentlichem Rühren 2–3 Minuten bei mittlerer Hitze mitdünsten. Dann die Austernpilzstreifen dazugeben. Das Gemüse unter gelegentlichem Rühren etwa 4 Minuten weiter dünsten. Die Kräuter untermengen, mit Salz und Pfeffer würzen. Dann Frischkäse unterrühren und darin schmelzen.

6. Toastbrot toasten, diagonal durchschneiden und die Pilz-Gemüse-Mischung darauf verteilen. Die Toastdreiecke auf ein mit Backpapier ausgelegtes Backblech legen. Das Backblech in den vorgeheizten Backofen schieben und die Austernpilztoasts **etwa 10 Minuten** garen.

Dazu passt:

Blumenkohlsalat (für 2 Personen). Hierfür 1 kleinen Kopf Blumenkohl von Blättern und schlechten Stellen befreien, den Strunk abschneiden. Den Blumenkohl in Röschen teilen, abspülen und abtropfen lassen. 250–500 ml (¼–½ l) Wasser in einem Topf zum Kochen bringen. ½ Teelöffel Salz mit den Blumenkohlröschen in den Topf geben. Wieder zum Kochen bringen und die Blumenkohlröschen mit Deckel bei schwacher Hitze in 10–12 Minuten bissfest garen. Die Blumenkohlröschen in ein Sieb abgießen, gut abtropfen und etwas abkühlen lassen. 5–6 Esslöffel Remouladen-Dressing (Fertigprodukt) in eine Schüssel geben und verrühren.
Die Blumenkohlröschen hinzugeben und vorsichtig mit dem Dressing vermengen. Salat mit Frischhaltefolie zugedeckt etwa 2 Stunden im Kühlschrank durchziehen lassen.
Evtl. nochmals mit Salz und 1 Prise Zucker abschmecken.
Nach Belieben den Salat mit ½ Esslöffel frisch gehackten Kräutern (z. B. Petersilie oder Kresse) bestreuen.

Tipps:

Sie können auch andere Pilze wie Champignons, Pfifferlinge oder Shiitakepilze für diesen Toast verwenden. Planen Sie keinen Salat ein und ist der Appetit groß, lassen sich die Zutaten problemlos verdoppeln.

Noch ein Tipp:

Das **Remouladen-Dressing** können Sie auch selbst herstellen: Hierfür 2 hart gekochte Eier (Größe M) pellen, halbieren und mit einem Löffel das Eigelb herauslösen. Das Eigelb durch ein Sieb streichen und in einer Schüssel mit 1 rohen Eigelb (Größe M) und Salz verrühren. Das gekochte Eiweiß beiseitestellen. Dann 70 ml Speiseöl tropfenweise hinzugeben und mit einem Schneebesen oder mit Handrührgerät mit Schneebesen zu einer dicklichen Masse aufschlagen. Ist die Masse fest genug, 1–1½ Esslöffel Weißweinessig oder Zitronensaft und 1–1½ Teelöffel mittelscharfen Senf hinzufügen. Dann weitere 55 ml Speiseöl unterrühren.
Das beiseitegestellte Eiweiß fein würfeln und zusammen mit 2 Esslöffeln gehackten Kräutern (z. B. Kerbel, Schnittlauch) unter das Remouladen-Dressing rühren. Dressing mit Salz,

Pfeffer und 1 Prise Zucker abschmecken. **Für die Remoulade nur ganz frische Eier verwenden, die nicht älter als 5 Tage sind**. Die fertige Remoulade im Kühlschrank aufbewahren und innerhalb eines Tages verzehren.

Kleine Warenkunde:

Deutschen Blumenkohl gibt es von Ende Mai bis Ende Oktober. Blumenkohl ist sehr druckempfindlich, Druckstellen werden nach 1–2 Tagen braun.

Zutaten:

½ kleine Zwiebel
100 g Austernpilze
½ rote Paprikaschote
½ Bund Schnittlauch
2 Stängel Basilikum
2 EL Speiseöl, z. B. Sonnenblumenöl
Salz
frisch gemahlener Pfeffer
75 g Doppelrahm-Frischkäse mit Kräutern
2 Scheiben Toastbrot (z. B. Vollkorn- oder Dreikorn-Toastbrot)

E: 7 g, F: 20 g, Kh: 16 g,
kJ: 1131, kcal: 270, BE: 1,0

Zutaten:

250 g vorwiegend festkochende Kartoffeln
1½ EL Olivenöl
Salz
frisch gemahlener Pfeffer
1 Knoblauchzehe
je ¼ rote und grüne Paprikaschote (ersatzweise ½ Paprikaschote einer Farbe)
1–2 Frühlingszwiebeln
25 g Manchego-Käse (spanischer Hartkäse)
3–4 grüne Oliven
2 Eier (Größe M)
Cayennepfeffer

E: 28 g, F: 39 g, Kh: 39 g,
kJ: 2611, kcal: 623, BE: 2,5

Tipp:

Das Rezept für 2 Personen einfach verdoppeln. Dann darauf achten, dass die Pfanne ausreichend groß ist, damit die Kartoffelscheiben rundherum braun anbraten und die Eier gleichmäßig stocken.

Noch ein Tipp:

Nach Belieben den Manchego-Käse durch Parmesan-Käse ersetzen.

Spanische Tortilla

Preiswert

Zubereitungszeit: etwa 30 Minuten, für 1 Person.

Zubereitung:

1. Kartoffeln schälen, abspülen, abtropfen lassen und in etwa 2 cm große Würfel schneiden.

2. Öl in einer beschichteten Pfanne erhitzen. Die Kartoffelwürfel bei starker Hitze unter gelegentlichem Wenden etwa 5 Minuten goldbraun braten. Kartoffeln kräftig mit Salz und Pfeffer würzen.

3. Inzwischen Knoblauchzehe abziehen, fein hacken und zu den Kartoffeln geben. Kartoffeln mit Knoblauch bei mittlerer Hitze mit Deckel weitere 8–10 Minuten braten, dabei ab und zu umrühren.

4. In der Zwischenzeit Paprikaviertel entkernen und die weißen Scheidewände entfernen. Paprika abspülen, abtropfen lassen und in Würfel schneiden. Frühlingszwiebeln putzen, abspülen, abtropfen lassen und in etwa ½ cm breite Scheiben schneiden. Manchego fein reiben.

5. Paprikawürfel, Frühlingszwiebelscheiben und geriebenen Käse mit den Oliven zu den Kartoffeln geben, kurz verrühren.

6. Eier mit Salz und Cayennepfeffer verschlagen. Eier über die braun gebratenen Kartoffeln und das Gemüse in die Pfanne gießen. Die Eier mit Deckel bei schwacher Hitze 5–6 Minuten stocken lassen. Anschließend die Tortilla in der Pfanne servieren.

Dazu passt:

Gemischter Salat mit Manchego-Käse und Croûtons
(für 2 Personen). Für den Salat 50 g Feldsalat, je ¼ Kopf Lollo Rossa oder Lollo Bionda putzen, abspülen, trocken tupfen oder schleudern und in mundgerechte Stücke zupfen. ½ Salatgurke schälen, das Ende abschneiden und Salatgurke in feine Scheiben schneiden. 125 g Cocktailtomaten abspülen, abtropfen lassen, halbieren und die Stängelansätze entfernen. ½ rote oder gelbe Paprikaschote entstielen, entkernen und die weißen Scheidewände entfernen. Schote abspülen, trocken tupfen und in schmale Streifen schneiden. ½ rote Zwiebel abziehen und in Scheiben schneiden. 30 g Manchego hobeln. Für die Sauce 1–1½ Esslöffel Kräuteressig mit etwas Salz, Pfeffer und 1 Prise Zucker verrühren, dann 2–3 Esslöffel Olivenöl unterschlagen. Anschließend ½–1 Esslöffel gemischte, gehackte Kräuter (frisch oder tiefgekühlt) unterrühren. Vorbereitete Salate mit Gurkenscheiben, Tomatenhälften, Paprikastreifen und Zwiebelringen vermengen. Salat mit der Sauce beträufeln, mit Manchego und Croûtons (Fertigprodukt) bestreut servieren.

Einfach

Blätterteigtaschen mit Spinat-Schafkäse-Füllung

Zubereitungszeit: etwa 25 Minuten, ohne Auftauzeit,
Backzeit: etwa 20 Minuten, für 2 Personen (ergibt 6 Stück).

Zutaten:

Für die Blätterteigtaschen:
6 quadratische Scheiben TK-Blätterteig (etwa 270 g)
1 kleine Zwiebel
½ EL Speiseöl, z. B. Sonnenblumenöl
150 g TK-Blattspinat
Salz
frisch gemahlener Pfeffer
frisch geriebene Muskatnuss
50 g Schafkäse
2 eingelegte, getrocknete Tomaten

Zum Bestreichen:
1 Ei (Größe S)
1 EL Milch

Außerdem zum Garnieren:
3 Kräuterstängel

E: 19 g, F: 43 g, Kh: 52 g,
kJ: 2802, kcal: 669, BE: 4,0

Zubereitung:

1. Für die Blätterteigtaschen Blätterteig nebeneinander nach Packungsanleitung auftauen lassen.

2. In der Zwischenzeit Zwiebel abziehen und in Würfel schneiden. Öl in einer Pfanne erhitzen und Zwiebelwürfel kurz darin andünsten. Spinat hinzufügen und nach Packungsanleitung mit etwas Wasser darin auftauen lassen. Spinatfüllung mit Salz, Pfeffer und Muskat würzen. Pfanne von der Kochstelle nehmen. Schafkäse und getrocknete Tomaten in kleine Würfel schneiden.

3. Den Backofen vorheizen.
Ober-/Unterhitze: etwa 200 °C
Heißluft: etwa 180 °C

4. Zum Bestreichen das Ei trennen. Eiweiß verquirlen und die Ränder der Blätterteigquadrate damit bestreichen. Jeweils etwas von der Spinatfüllung mit einigen Schafkäse- und Tomatenwürfeln in die Mitte geben. Die Teigscheiben zu Dreiecken zusammenfalten und die Teigränder gut zusammendrücken, am besten mithilfe einer Gabel. Die Teigdreiecke auf ein mit Backpapier ausgelegtes Backblech legen.

5. Eigelb mit Milch verquirlen und die Teigoberflächen damit bestreichen. Das Backblech in den vorgeheizten Backofen schieben und die Blätterteigtaschen **etwa 20 Minuten** backen.

6. Nach Belieben die Blätterteigtaschen in kleinen Porzellangefäßen mit Kräuterstängeln garniert servieren.

Tipp:

Über die mit Eiermilch bestrichenen Teigdreiecke je 1 Esslöffel Pinienkerne oder 20 g Schafkäsewürfel streuen. Dann wie im Rezept beschrieben fertig backen.

Noch ein Tipp:

Für dieses Rezept am besten die quadratischen TK-Blätterteigscheiben nehmen. Wenn Sie nur die rechteckigen TK-Blätterteigscheiben bekommen können, diese erst einmal quer halbieren. Reduzieren Sie zusätzlich die Spinatmenge auf 125 g, da die Quadrate etwas kleiner ausfallen.

Variante:

Blätterteigschnecken mit getrockneten Tomaten
(für 2 Personen). Hierfür 3 rechteckige Scheiben TK-Blätterteig nebeneinander nach Packungsanleitung auftauen lassen. Den Backofen vorheizen (Ober-/Unterhitze: etwa 200 °C, Heißluft: etwa 180 °C). Für die Füllung 2 Teelöffel Pesto (aus dem Glas) mit 50 g Mascarpone (italienischer Frischkäse) gut verrühren. 2–3 eingelegte, getrocknete Tomaten klein würfeln und unterheben. Mascarpone-Masse auf den aufgetauten Blätterteigplatten verstreichen. Dabei an den Seiten rundherum einen kleinen Rand frei lassen. 25 g fein geriebenen Parmesan-Käse darüberstreuen. Die Teigplatten von den langen Seiten her aufrollen und mit einem scharfen Messer in gut 1 cm dicke Scheiben schneiden. Die Scheiben auf ein mit Backpapier ausgelegtes Backblech legen und in den vorgeheizten Backofen schieben. Blätterteigschnecken 10–15 Minuten backen.

Zutaten:

150 g TK-Blattspinat
75 g Magerquark
1 Ei (Größe M)
25 g Hartweizengrieß
Salz
frisch gemahlener Pfeffer
frisch geriebene Muskatnuss
2–2 ½ EL Speiseöl,
z. B. Sonnenblumenöl
1–2 Tomaten
75 g Mozzarella-Käse
6 Basilikumblättchen

Außerdem:
6 Holzspießchen

E: 19 g, F: 21 g, Kh: 12 g,
kJ: 1349, kcal: 322, BE: 1,0

Dazu passt:

Joghurt-Tomaten-Salat (für 2 Personen). Für den Salat ½ Salatgurke abspülen, abtropfen lassen und das Ende abschneiden. Gurke der Länge nach halbieren und das Kerngehäuse mit einem Löffel herausschaben. Gurkenhälften in etwa 1 cm große Würfel schneiden. 2–3 Tomaten abspülen, abtropfen lassen, halbieren und die Stängelansätze herausschneiden. Tomaten in kleine Würfel schneiden und mit den Gurkenwürfeln vermengen. 200 g Joghurt mit 1 Esslöffel Olivenöl und 2–3 abgespülten, trocken getupften und gehackten Minzeblättchen verrühren. Joghurt mit 1–2 Esslöffeln frisch gepresstem Zitronensaft, Salz und Pfeffer abschmecken. Joghurt mit den Gurken- und Tomatenwürfeln vermengt servieren.

Einfach lecker

Kleine Spinattaler

Zubereitungszeit:
etwa 30 Minuten,
ohne Auftau- und Abkühlzeit,
für 2 Personen (ergibt 6 Stück).

Zubereitung:

1. Spinat nach Packungsanleitung auftauen lassen, dann gut ausdrücken und fein hacken. Spinat mit Quark, Ei und Grieß in einer Schüssel verrühren. Spinat mit Salz, Pfeffer und Muskat kräftig würzen.

2. Öl in einer beschichteten Pfanne erhitzen und 6 Spinattaler backen. Dafür pro Taler 1 Esslöffel von der Spinatmasse in die Pfanne geben und etwas flach drücken. Die Spinattaler bei mittlerer Hitze von beiden Seiten 2–3 Minuten goldbraun braten. Die Taler aus der Pfanne nehmen und abkühlen lassen.

3. Tomaten abspülen, abtropfen lassen und die Stängelansätze herausschneiden. Tomaten in Scheiben schneiden. Mozzarella abtropfen lassen und ebenfalls in Scheiben schneiden. Basilikumblättchen abspülen und trocken tupfen.

4. Die Taler mit je 1 Tomaten-, Mozzarellascheibe und einem Basilikumblättchen belegen und mit Holzspießchen feststecken. Spinattaler nach Belieben auf einer Platte anrichten.

Tipp:

Das Rezept ist ideal für eine Party. Die Zutaten lassen sich einfach der Gästezahl anpassen. Die Spinattaler kann man gut vorbereiten, da sie noch abkühlen müssen. Kurz bevor die Gäste kommen, die Taler mit Tomate, Mozzarella und Basilikum „aufspießen".

Noch ein Tipp:

Hartweizengrieß ist ein besonders kleberreicher Grieß, der reich an Eiweiß ist und damit den Spinattalern die nötige Bindung gibt.

Gefüllte Fenchelschalen

Zubereitungszeit: etwa 55 Minuten
Garzeit: etwa 10 Minuten,
für 2 Personen.

Zutaten:

2 große Fenchelknollen
Salzwasser (je 1 l Wasser 1 TL Salz)

Für die Füllung:
100 g festkochende Kartoffeln
100 g Möhren
100 g Knollensellerie
100 g Porree (Lauch)
1½ EL Speiseöl, z.B. Olivenöl
100 ml Fenchelbrühe (Kochflüssigkeit vom Fenchel)
Salz
frisch gemahlener Pfeffer
60 g Parmesan-Käse

Zum Garnieren:
½ Bund Kerbel

E: 19 g, F: 19 g, Kh: 18 g,
kJ: 1346, kcal: 322, BE: 0,5

Zubereitung:

1. Von den Fenchelknollen schlechte Stellen und Blätter entfernen. Wurzelenden gerade schneiden. Fenchelknollen abspülen, abtropfen lassen und längs halbieren. Vorsichtig das innere Fenchelfleisch herauslösen, sodass insgesamt 4 Fenchelschalen mit Stiel übrig bleiben. Ausgehöhltes Fenchelfleisch in dünne Streifen schneiden.

2. Salzwasser in einem großen Topf zum Kochen bringen. Fenchel hinzufügen und 8–10 Minuten darin blanchieren. Fenchelschalen mit einer Schaumkelle herausnehmen, mit kaltem Wasser übergießen und in einem Sieb abtropfen lassen. 100 ml von der Fenchelbrühe abmessen.

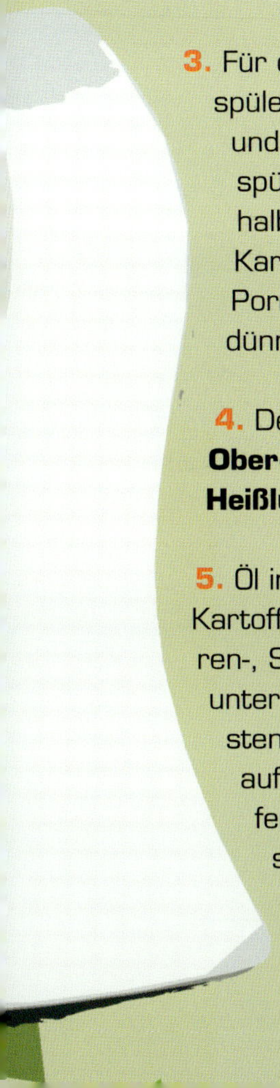

3. Für die Füllung Kartoffeln schälen, abspülen und abtropfen lassen. Möhren und Sellerie schälen, putzen und abspülen. Porreestange putzen, längs halbieren und gründlich waschen. Kartoffeln, Möhren, Sellerie und Porree abtropfen lassen. Gemüse in dünne Streifen schneiden.

4. Den Backofen vorheizen.
Ober-/Unterhitze: 220–240 °C
Heißluft: 200–220 °C

5. Öl in einer Pfanne erhitzen. Zuerst Kartoffelstreifen, dann Fenchel-, Möhren-, Sellerie- und Porreestreifen darin unter gelegentlichem Rühren andünsten. Fenchelbrühe hinzugießen und aufkochen lassen. Gemüsestreifen mit Deckel 6–8 Minuten bei schwacher Hitze garen, dann mit Salz und Pfeffer würzen.

6. Die Fenchelschalen in eine große, flache Auflaufform geben und mit den Gemüsestreifen füllen. Parmesan-Käse fein reiben und darüberstreuen. Die Form auf dem Rost in den vorgeheizten Backofen schieben und den Fenchel **etwa 10 Minuten** garen.

7. Zum Garnieren Kerbel abspülen und trocken tupfen. Die Fenchelschalen mit Kerbel garniert servieren.

Dazu passt:

Baguette, nach Belieben mit Kräuter- oder Knoblauchbutter bestrichen.

Tipp:

Statt Parmesan-Käse je 30 g geröstete Sonnenblumenkerne und geriebenen mittelalten Gouda-Käse verwenden.

Variante:

Fenchel-Orangen-Salat (für 2 Personen). Für den Salat etwa 225 g Fenchelknolle putzen, dafür die Stiele dicht oberhalb der Knolle abschneiden, braune Stellen und Blätter entfernen. Das zarte Fenchelgrün zum Garnieren fein hacken und beiseitestellen. Das Wurzelende gerade schneiden, Knolle abspülen und abtropfen lassen. Fenchelknolle je nach Größe halbieren oder vierteln. Fenchel in hauchdünne Scheiben schneiden. 1 Orange so schälen, dass die weiße Haut vollständig mitentfernt wird. Das Fruchtfleisch zwischen den Trennhäuten herausschneiden. 1 kleine rote Zwiebel abziehen und in Scheiben schneiden. Für die Sauce ½–1 Esslöffel Weißweinessig mit etwas Salz und Pfeffer verrühren. 2 Esslöffel Olivenöl unterschlagen. Fenchelscheiben mit Orangenfilets und Zwiebelscheiben vorsichtig vermengen. Die Sauce darüber verteilen. Salat mit beiseitegestelltem Fenchelgrün und 2 Esslöffeln gehackten Pistazienkernen bestreut servieren.

Lecker Pancakes

Zubereitungszeit: etwa 20 Minuten, für 2 Personen (ergibt 8 Stück).

Zutaten:

Für den Teig:
100 g Weizenmehl
1 gestr. TL Dr. Oetker Backin
1 EL Zucker
1 Prise Salz
1 Ei (Größe M)
75 g Joghurt (3,5 % Fett)

Außerdem:
2 EL Speiseöl, z. B. Sonnenblumenöl
1–2 EL Ahornsirup

E: 10 g, F: 15 g, Kh: 53 g,
kJ: 1636, kcal: 390, BE: 4,5

Zubereitung:

1. Für den Teig Mehl und Backpulver mischen und in eine Rührschüssel geben. Restliche Teigzutaten hinzufügen und mit Handrührgerät mit Rührbesen auf höchster Stufe in etwa 2 Minuten zu einem glatten Teig verarbeiten.

2. Aus dem Teig nacheinander 8 Pancakes backen. Dafür die Hälfte des Öls in einer beschichteten Pfanne erhitzen. Zunächst 4 Pancakes backen, dafür pro Pancake 1 Esslöffel Teig hineingeben und etwas verstreichen. Pancakes bei mittlerer Hitze von beiden Seiten etwa 3 Minuten goldbraun backen. Pancakes herausnehmen, wieder Öl in die Pfanne geben und die restlichen Pancakes ebenso backen.

3. Ahornsirup auf einem Teller verteilen. Die Pancakes darauf anrichten.

Variante:

Für den Pancake-Teig kann man statt 75 g Joghurt auch 150 g Buttermilch oder 100 ml ungesüßte Kokosmilch verwenden. Bei Butter- und Kokosmilch jeweils zusätzlich ½ Esslöffel Zucker in den Teig rühren. Eine andere Variante ist es, statt des Joghurts 75 g Erdnussbutter (Fertigprodukt) und 75 ml Milch zuzugeben und alles zu einem glatten Teig zu verarbeiten.

Tipp:

Statt Ahornsirup nehmen Sie Zuckerrübensirup (Rübenkraut), diverse Konfitüren und Marmeladen, Erdnussbutter, Blaubeeren oder Cranberries und streichen bzw. verteilen diese über die gebackenen Pancakes.

Noch ein Tipp:

Pancakes schmecken warm oder lauwarm serviert am besten; evtl. die Pancakes im Backofen warm halten.

Kleine Warenkunde:

Ahornsirup wird vor allem im Frühjahr in Kanada gewonnen, wo man den Saft des Zuckerahorns eindickt. Er schmeckt sehr süß und hat einen leichten Karamellgeschmack. Ahornsirup ist nach dem Öffnen im Kühlschrank sehr lange haltbar. Sollte der Sirup kristallisieren (Zuckerbildung), stellen Sie die Flasche ins warme Wasserbad, bis sich der Sirup langsam wieder verflüssigt.

Gebratene Ananasscheiben

Mit Alkohol

Zubereitungszeit: etwa 25 Minuten, ohne Durchziehzeit, für 2 Personen (ergibt 8 Stück).

Zubereitung:

1. Ananasscheiben in ein Sieb geben, abtropfen lassen und dabei den Saft auffangen. 3 Esslöffel Ananassaft und Kokosraspel in einer kleinen Schüssel verrühren und mit Frischhaltefolie zugedeckt etwa 1 Stunde durchziehen lassen.

2. Ananasscheiben auf einen Teller legen, mit Rum beträufeln und ebenfalls mit Frischhaltefolie zugedeckt etwa 1 Stunde durchziehen lassen. Dabei gelegentlich wenden.

3. Mehl, Eiweiß und Cornflakes in je einen tiefen Teller geben. Eiweiß mit einer Gabel verschlagen. Cornflakes mit den Händen oder einer Teigrolle möglichst fein zerkleinern.

4. Ananasscheiben etwas abtropfen lassen. Den Saft mit dem Rum unter die eingeweichten Kokosraspel mengen. Ananasringe trocken tupfen und nacheinander in Mehl, Eiweiß und Cornflakes wenden. Cornflakes dabei etwas andrücken, nicht anhaftende Cornflakes leicht abschütteln.

5. Die Hälfte des Butterschmalzes in einer großen, beschichteten Pfanne erhitzen. Vier Ananasscheiben hineinlegen und etwa 2 Minuten von jeder Seite bei mittlerer Hitze braten. Anschließend auf Küchenpapier abtropfen lassen. Übrige Ananasscheiben im restlichen Butterschmalz ebenso braten.

6. Joghurt und Zucker zu den eingeweichten Kokosraspeln geben, gut verrühren. Nach Belieben mit etwas Rum abschmecken. Kokos-Joghurt-Sauce zu den gebratenen Ananasscheiben servieren.

Tipp:

Sie können die Cornflakes auch in einen Gefrierbeutel geben und mit der Küchenrolle mehrmals darüber rollen, bis die Cornflakes fein zerkleinert sind.

Noch ein Tipp:

Wem 4 Ananasscheiben pro Person als süßes Finale zu viel sind, der backt ein oder zwei Scheiben pro Person weniger. Die übrig gebliebenen Ananasringe am nächsten Tag roh verzehren oder klein geschnitten unter etwas Speisequark (verrührt mit etwas Milch und Zucker) heben.

Variante:

Statt der Kokos-Joghurt-Sauce servieren Sie **Vanillesauce** dazu (für 2 Personen). Dafür 1 Vanilleschote längs halbieren und das Mark vorsichtig mit einem Messerrücken herauskratzen. 10 g Speisestärke mit 3 Esslöffeln (von 250 ml) Milch mit einem Schneebesen verrühren. 1 Eigelb (Größe M), 20 g Zucker und 1 Prise Salz unterrühren. Die restliche Milch mit dem Vanillemark in einem Topf zum Kochen bringen. Topf von der Kochstelle nehmen und die angerührte Speisestärke mit dem Schneebesen einrühren. Milch einmal aufkochen lassen. Anschließend die Sauce von der Kochstelle nehmen und unter gelegentlichem Umrühren erkalten lassen.

Zutaten:

1 kleine Dose Ananas in Scheiben (260 g Abtropfgewicht)
15 g Kokosraspel
2–3 EL brauner Rum
30 g Weizenmehl
1 Eiweiß (Größe M)
40 g Cornflakes
30 g Butterschmalz
150 g Joghurt (3,5 % Fett)
1 EL Zucker

E: 8 g, F: 19 g, Kh: 63 g,
kJ: 2118, kcal: 506, BE: 5,0

Noch ein Tipp:

Schneller geht es, wenn Sie fertige Zartbitter-Kaffeebohnen (im Backwarenregal) oder mit Schokolade überzogene Rosinen (im Süßwarenregal) verwenden.

Zutaten:

10 g Zartbitter-Schokolade
1 gestr. TL Butter
10–12 geröstete Kaffeebohnen
100 g Schlagsahne
450–500 g Joghurt
30 g Puderzucker
1 Beutel (15 g) Instant-Cappuccino-Pulver (ersatzweise 1 EL loses Cappuccino-Pulver)
2–3 TL Kaffee- oder Amarettolikör
Puderzucker zum Bestäuben

E: 10 g, F: 28 g, Kh: 39 g,
kJ: 2062, kcal: 493, BE: 3,5

Cappuccino-Schichtcreme

Mit Alkohol

Zubereitungszeit: etwa 20 Minuten, ohne Abkühlzeit, für 2 Personen.

Zubereitung:

1. Schokolade mit Butter in einem kleinen Topf im heißen Wasserbad bei schwacher Hitze schmelzen. Kaffeebohnen mit der Masse vermengen, herausnehmen und auf ein Stück Backpapier legen. Schokolade fest werden lassen (bei Zimmertemperatur oder im Kühlschrank).

2. In der Zwischenzeit Sahne steif schlagen. Joghurt mit Puderzucker in einer Schüssel gut verrühren und die Sahne mit einem Schneebesen darunterziehen. Die Hälfte der Joghurtcreme mit dem Cappuccino-Pulver verrühren.

3. Abwechselnd Joghurt- und Cappuccino-Creme in hohe Dessertgläser schichten. Schichtcreme im Kühlschrank mit Frischhaltefolie zugedeckt etwa 1 Stunde kalt stellen.

4. Auf die oberste Cremeschicht den Likör träufeln. Schichtcreme mit Schokobohnen und Puderzucker garniert anrichten.

Tipp:

Statt gerösteter Kaffeebohnen können Sie auch Rosinen, Cranberries oder Mandeln verwenden.

Variante:

Himbeer-Schichtspeise (für 2 Personen). Hierfür 500 g Himbeeren verlesen, evtl. kurz abspülen und abtropfen lassen. Die Himbeeren mit 5 Esslöffeln Himbeergeist beträufeln und etwa 20 Minuten durchziehen lassen. 120 g Baiser (etwa 3 Stücke) mit den Händen grob zerkleinern. 400 g Schlagsahne mit 1 Päckchen Dr. Oetker Vanillin-Zucker steif schlagen. Himbeeren mit Baiserstücken und steif geschlagener Sahne abwechselnd in eine Glasschüssel schichten, die erste und letzte Schicht sollte aus Himbeeren bestehen. Schichtspeise sofort servieren.

Himbeer-Zitronen-Sorbet

Etwas aufwendiger

Zutaten:

Für das Sorbet:
Saft von 2 Zitronen
250 ml (¼ l) Wasser
2–3 TL flüssiger Honig
200 g Himbeeren
1 TL Puderzucker

Außerdem:
4–5 vorbereitete Minzeblättchen zum Garnieren

E: 1 g, F: 0 g, Kh: 15 g,
kJ: 356, kcal: 85, BE: 1,5

Zubereitungszeit: etwa 25 Minuten, ohne Gefrierzeit, für 2 Personen.

Zubereitung:

1. Für das Sorbet die Zitronen halbieren und den Saft auspressen. Saft mit Wasser und Honig in einen kleinen Topf geben, zum Kochen bringen und bei starker Hitze etwa 5 Minuten sirupartig einkochen lassen. Ergibt etwa 250 ml (¼ l) Sirup. Den Sirup in einer gefriergeeigneten Schüssel erkalten lassen.

2. Die Masse etwa 1 Stunde halbfest gefrieren lassen, dann umrühren und die Masse noch weitere 3–4 Stunden gefrieren. Dabei mehrmals umrühren, sodass eine cremige Masse entsteht. Anschließend die Masse pürieren.

3. Himbeeren verlesen, evtl. abspülen und abtropfen lassen. Eine Hälfte der Himbeeren beiseitestellen, die andere Hälfte in einem Rührbecher pürieren. Himbeerpüree durch ein Sieb streichen, um die Kerne zu entfernen. Himbeerpüree mit dem Puderzucker verrühren und mit einer Gabel unter das Sorbet ziehen. Das Sorbet nochmals 30–45 Minuten gefrieren lassen. Anschließend mit einem Eisportionierer Kugeln abstechen und auf zwei Tellern verteilen. Mit den beiseitegestellten Himbeeren und vorbereiteten Minzeblättchen garnieren.

Tipp:

Statt frischer Himbeeren können Sie auch TK-Himbeeren verwenden. Die TK-Himbeeren müssen für das Rezept aufgetaut werden. Entweder bei Zimmertemperatur (dauert etwa 2 Stunden) oder in der Mikrowelle bei 150 Watt die Beeren in etwa 4 Minuten auftauen lassen, dabei ab und zu umrühren.

Kleine Warenkunde:

Unter Sorbet versteht man im Allgemeinen Halbgefrorenes aus z. B. Fruchtmark und gelegentlich Sekt oder Wein.

Variante:

Mango-Melonen-Sekt-Sorbet (für 2 Personen). Hierfür 150 g Zucker mit 125 ml (⅛ l) Wasser aufkochen, anschließend abkühlen lassen. 150 g Honigmelone entkernen, in Spalten schneiden, schälen und das Fruchtfleisch klein schneiden. Etwa 100 g Mangofruchtfleisch klein schneiden. Das vorbereitete Obst mit dem Saft von ½ Zitrone und 200 ml Sekt übergießen und etwa 1 Stunde ziehen lassen. Anschließend das vorbereitete Obst durch ein Sieb passieren. Das Sekt-Fruchtmark mit der Zucker-Wasser-Lösung verrühren. Die Fruchtmasse in einer gefriergeeigneten Schüssel halbfest gefrieren lassen.

Extra Tipp:

Nach Belieben aus den Melonenresten Kugeln ausstechen und die restliche Mango in Spalten schneiden. Melonenkugeln und Mangospalten zum Sorbet servieren.

Einfach lecker

Frucht-Mix mit Kokosschaum

Zubereitungszeit: etwa 25 Minuten, ohne Koch- und Abkühlzeit, für 2 Personen.

Zubereitung:

1. Orange und Grapefruit so schälen, dass die weiße Haut vollständig mitentfernt wird. Das Orangen- und Grapefruitfruchtfleisch zwischen den Trennhäuten herausschneiden.

2. Die Kerne der Melone mit einem Löffel herausschaben. Melonenhälfte in schmale Spalten schneiden und die Spalten schälen. 2 Melonenspalten zum Garnieren beiseitelegen, das restliche Melonenfruchtfleisch würfeln. Orangen- und Grapefruitfruchtfleisch sowie die Melonenwürfel in 2 Gläsern anrichten.

3. In einer Pfanne ohne Fett 1 Esslöffel von den Kokosraspeln goldbraun rösten, dann herausnehmen, auf einen Teller geben und abkühlen lassen.

4. Für den Kokosschaum Milch und Zucker in einem Topf verrühren und aufkochen lassen. Grieß und die restlichen Kokosraspeln unterrühren. Das Ganze wieder zum Kochen bringen und bei mittlerer Hitze etwa 4 Minuten köcheln lassen. Den Topf von der Kochstelle nehmen und die Kokos-Grieß-Masse mit Handrührgerät mit Rührbesen etwa 3 Minuten schaumig schlagen. Den Schaum mit Zitronensaft abschmecken und etwas abkühlen lassen.

5. Den Kokosschaum lauwarm über die Früchte geben und mit den gerösteten Kokosraspeln bestreuen.

Zutaten:

1 Orange
1 kleine Grapefruit
½ kleine Galia-Melone
(oder eine andere Zuckermelone)
25 g Kokosraspel

Für den Kokosschaum:
250 ml (¼ l) Milch
20 g Zucker
20 g Hartweizengrieß
½–1 TL frisch gepresster Zitronensaft

E: 7 g, F: 12 g, Kh: 63 g,
kcal: 1795, kJ: 430, BE: 5,5

Kleine Warenkunde:

Die **Galia-Melone** mit ihrem hellgrünen Fruchtfleisch zählt zur Gruppe der Zuckermelonen, wie z. B. auch die Honigmelone. Die Zuckermelonen haben je nach Sorte ein gelbes, oranges oder grünes Fruchtfleisch. Es gibt sie vom Sommer bis zum Winter. Achten Sie beim Einkauf darauf, dass die Früchte aromatisch duften. Kaufen Sie feste Früchte ohne Druckstellen, Risse oder Schimmelbildung. Weichschalige Sorten müssen am Blütenansatz auf leichten Druck nachgeben.

Tipps:

Wer den Kokosgeschmack nicht mag, verzichtet auf die Kokosraspel zum Bestreuen und in der Milch.
Die andere Hälfte der Galia-Melone hält sich mit Frischhaltefolie zugedeckt im Kühlschrank 3–4 Tage.
Das Rezept lässt sich ohne Weiteres für viele Personen zubereiten. Die Zutatenmenge der Gästeanzahl anpassen.

Variante:

Für den Frucht-Mix verwenden Sie am besten die Früchte, die Sie und/oder Ihre Gäste am liebsten mögen bzw. die gerade Saison haben. Gut passt die Kombination von gemischten Beeren wie Brom-, Him- und Johannisbeeren. Beliebt ist auch eine Mischung aus Ananas mit Erdbeeren und Weintrauben.

Kapitelregister

Sattmacher – Suppen und Eintöpfe

Leckeres aus Pfanne und Topf

Heißes aus dem Ofen

Pasta – was sonst?

Für den kleinen Hunger

Der süße Abschluss

Alphabetisches Register

Für Fragen, Vorschläge oder Anregungen steht Ihnen der Verbraucherservice der Dr. Oetker Versuchsküche Telefon: +49 (0) 08 00 71 72 73 74 Mo.–Fr. 8:00–18:00 Uhr, Sa. 9:00–15:00 Uhr (gebührenfrei in Deutschland)
oder die Mitarbeiter des Dr. Oetker Verlages
Telefon: +49 (0) 5 21 52 06 51 Mo.-Fr. 9:00–15:00 Uhr
zur Verfügung.

Oder schreiben Sie uns:
Dr. Oetker Verlag KG, Am Bach 11, 33602 Bielefeld
oder besuchen Sie uns im Internet
www.oetker-verlag.de oder unter www.oetker.de.

Umwelthinweis Dieses Buch und der Einband wurden auf chlorfrei gebleichtem Papier gedruckt. Die Einschrumpffolie – zum Schutz vor Verschmutzung – ist aus umweltfreundlichem und recyclingfähigem PE-Material.

Redaktion Carola Reich, Ina Scholz

Innenfotos Antje Plewinski, Berlin (S. 4–5, 9–31, 34/35, 38/39, 42–45, 48/49, 52/53, 64/65, 74/75, 78/79, 84/85, 86/87, 90/91)
Fotostudio Diercks, Hamburg (S. 32/33, 40/41, 46/47, 56/57, 60/61)
Ulli Hartmann (S. 36/37, 58/59, 66/67, 82/83)
Bernd Lippert (S. 80/81)
Hans-Joachim Schmidt, Hamburg (S. 68/69, 92/93)
StockFood, München (S. 6)
Norbert Toelle, Bielefeld (S. 54/55)
Brigitte Wegner, Bielefeld (S. 50/51, 76/77)

Rezeptentwicklung und -beratung Irmgard Radke, Calden

Foodstyling Anke Rabeler, Berlin

Nährwertberechnungen Nutri Service, Hennef

Grafisches Konzept kontur:design, Bielefeld
Gestaltung kontur:design, Bielefeld
Titelgestaltung kontur:design, Bielefeld
Litho kontur:design, Bielefeld

Satz Typografika, Bielefeld
Druck und Bindung Mohn media Mohndruck GmbH, Gütersloh

ISBN 978-3-7670-0978-3